商业自动化技术与应用

赵星 编著

COMMERCIAL
AUTOMATION

中国轻工业出版社

前 言

当今世界信息技术的高速发展促成了商业的第四次革命，商业自动化在全世界范围内得到了高度重视，快速发展。我国的商业自动化进程从1998年12月成立中国物品编码中心开始正式应用商品条形码至今，经逐步发展，目前已进入了实质性发展的阶段，商业流通领域（例如超市、商场、物流中心等）纷纷开始引入POS系统和商场计算机管理系统。

随着人类社会步入信息时代，人们所获取和处理的信息量不断加大。传统的信息采集输入是通过人工手段录入的，不仅劳动强度大，而且数据误码率高。那么怎么解决这一问题呢？答案是以计算机和通信技术为基础的自动识别技术。自动识别技术将数据自动采集，对信息自动识别，并自动输入计算机，使人类得以对大量数据信息进行及时、准确的处理。然而商家和系统开发商却感到比较头疼，究其原因主要是缺乏既会技术操作又懂得业务管理的人员。针对这一问题，本书主要从现代化商业管理的着眼点出发，全面介绍商业自动化的理论及在实际中的应用，以及条形码技术、POS、BMIS等内容。

本书共分为五章，第一章商业自动化概述，主要介绍商业自动化的相关概念及国内外商业自动化的发展趋势;第二章条形码技术与应用,针对条形码技术是商业自动化的技术基础,本章主要对一维条形码、二维条形码的相关技术进行详细介绍;第三章POS管理系统设计与应用;第四章大中型商场的管理信息系统;第五章大型商业自动化管理信息系统。

  本书得到了"北京高等学校教育教学改革项目"资助,在此表示感谢。同时本书得到了基于典型工作过程的《商业自动化课程》教学模式及评价体系研究项目的大力支持,感谢项目组成员的鼎力相助。本书在编写过程中参考了一些文献,在此对这些文献的作者表示感谢。

  由于编者水平有限,加上时间仓促,错误和不妥之处在所难免,恳请读者批评指正。

编者

目录

第一章 商业自动化概述

第一节 商业自动化的概念 10
一、商业的概念 10
二、商业自动化 11

第二节 商业自动化的基本内容 16
一、数据流通标准化 17
二、商品销售自动化 20
三、商品选配自动化 21

第三节 国内外商业自动化系统应用概况及发展趋势 30
一、国外商业自动化现状 30
二、国外商业今后的发展方向 32
三、我国商业计算机应用概况 33
四、商业自动化是时代发展的趋势 34

第二章 条形码技术与应用

第一节 条形码技术概述 38
一、条形码技术发展简史与现状 38
二、条形码技术涉及的内容 44
三、条形码的管理体制 46
四、我国条形码技术的应用和发展 50
五、我国条形码技术发展的美好未来 52

目录

第二节	条形码的基础知识	54
	一、条形码的基本术语和符号结构	54
	二、条形码的编码方法和分类	58
	三、条形码识读基本原理	61
第三节	商品条形码	63
	一、商品条形码概述	63
	二、商品条形码的应用	64
	三、商品标识代码	66
	四、商品条形码的符号表示	76
	五、商品条形码设计与印刷	81
	六、其他类型条形码	95
	七、二维条形码	98

第三章 POS管理系统设计与应用

第一节	销售点信息管理系统POS概述	108
	一、什么是POS	108
	二、POS系统的功能与效益	111
	三、商场POS系统的硬件	115
	四、商场POS系统	119
第二节	POS管理系统设计与应用	123
	一、POS系统简介	123
	二、系统的需求分析	130
	三、系统总体设计	133
	四、系统测试	140

• 5

第四章 大中型商场的管理信息系统

第一节 大中型商场的管理信息系统（BMIS）概述   144

一、大中型商场经营管理的特点   144

二、大中型商场经营管理的层次结构   145

三、大中型商场的信息分类和采集   146

四、大中型商场管理信息系统（BMIS）的管理功能   149

五、大中型商场管理信息系统（BMIS）的效益   151

第二节 大中型商场管理信息系统（BMIS）的设计   152

一、商场管理信息系统（BMIS）在商场内部形成的四大体系   152

二、商场管理信息系统（BMIS）的特点   153

三、大中型商场管理信息系统（BMIS）的设计方法   155

四、大中型商场管理信息系统（BMIS）的功能模块设计   161

第三节 大中型商场管理信息系统（BMIS）实例   166

一、阳光超市管理信息系统分析   166

二、百货商店的管理信息系统   169

第五章 大型商业自动化管理信息系统

第一节 基本概念和理论   180

一、管理、信息和信息系统   181

二、管理信息系统   186

三、现代商业   203

第二节	系统分析与设计		216
	一、系统分析		216
	二、用户需求分析		221
第三节	系统实现		227
	一、程序设计		227
	二、系统调试		229

参考文献　　　　　　　　　　　　　　　　231

第一章
商业自动化概述

第一节
商业自动化的概念

一、商业的概念

（一）商业的定义

商业是一切交易行为的泛称，是市场行销过程中各个环节的总代名词。

商业的领域涉及商品的生产制造、采购批发、运输存储、经营销售、商品到达消费者手中以及商品的售后服务，是一个纵横交叉的复杂的网络系统，并以各种通信咨询系统加以连接。所以商业并不是以商店为主的定位。

商业不只是一个买进卖出的简单过程，它具有创造价值、吸收就业人口等功能，能为广大消费者带来方便性、舒适性和休闲性，有助于国民生活素质的提高。它能使一个国家的经济产生相乘的效果。

（二）商业的特点

归纳起来，商业具有如下五个方面的特点：

1. 广泛性。商业的涉及面广、影响面广，因为商业贯穿了国民经济的方方面面，从普通老百姓的衣食住行到企业的兴衰存亡，直至国家的经济繁荣或萧条，无不存在着商业的影响。

2. 分散性。商业的网点遍及每一个角落，从穷乡僻壤到繁华都市，只要是有人的地方，就有交易，就有商店，可以说商业无所不在。

3. 差异性。商业交易从集市贸易到小杂货店；从连锁超市到大型百货商店，到现代化的集休闲、饮食、娱乐、消费为一体的商城；从夫妻店、老婆店到有成千上万员工的大型商业企业，有形式上的大小不一、多种多样和管理上错综复杂的特点，差异极大。

4. 复杂性。商业的复杂性表现在商品的复杂性、需求的复杂性、营销方式的复杂性、经营管理的复杂性等方面。大中型商店往往经营几万到十几万种不同的商品，品种、质量、类型、价格、售后服务等不尽相同，这是商品的复杂性；不同的顾客在购买商品时对商品的质量、式样、价格、品牌、售后服务等有不同的注重点，这是需求的复杂性；商品的进货方式有经销、代销，商品的营销方式有传统的现金交易、赊账、折扣、折让，以及目前商家常用的银行转账支票、购货卡、信用卡、分期付款、按揭、购物附赠，有拆零销售和按包装批量销售等，体现了营销方式的复杂性；现代的大中型商业企业面对众多的员工、大量的客户、品种繁杂的商品、每日数量巨大的经营销售额、多种多样的营销方式、形形色色的顾客需求、上下左右的各种关系、难以预测的经营风险，其经营管理的复杂性显而易见。

5. 重要性。商业的繁荣与否可以影响到企业盛衰、全体消费者的利益、一个国家或地区的兴旺发达，乃至与整个世界的结合与联系。商业的发展显示了一个国家国民经济的水平，所以商业已不是传统意义上的简单买卖过程，商业从来就是国民经济生活中不可缺少的环节。可见，商业的重要性是不容置疑的。

二、商业自动化

（一）商业自动化产生的背景

据此商业的上述五个特点，商业自动化的进程注定要适应其他行业，商业自动化是建立在计算机、条形码扫描器等技术基础之上而发展起来的，技术化程度越高，商业自动化进程越快。商业自动化实现的难度也大大高于其他行业。但是，随着社会的发展需要，在商业领域推行自动化已刻不容缓，并已被提到了议事日程。提出商业自动化的背景如下：

1. 商业企业面临激烈的竞争。商业的发展使当前的商业企业不仅面临本行业内的竞争，还面临着不同行业（如生产企业本身）之间的竞争。这包括商品品质的差异化及商品价格的竞争。另外，商业企业本身也面临着大型化、集团化和集约连锁化的趋向，小型商业企业和经营不完善的企业将注定要被经营好的企业吞并。

2. 消费者的消费动向剧变。社会文明的进步使现代消费的动向趋于个性化与多元化；随着消费观念的改变，商品的生命周期呈缩短趋势，引起商品的替换率提高；生产的发展使新的商品多种多样，琳琅满目；消费者对商品的质与量有并重的要求且对商店服务有质的要求；现代社会的各种现代化的消费观念模式，例如品牌意识、休闲消费等已为商家重视。因此，过去的老经验、老办法已不适应消费者的心理和市场的脉搏了。

3. 管理要求的升级与商业利润追求方式的改变。在国外的商业发达国家，商业对利润的追求经历了如下三个阶段：

（1）20世纪60年代追求基本利润。基本利润来自商品的购入和售出之间的差价，因此，商人着眼于通过低价采购和高价出售来提高商业利润，在他们眼里，手中有商品就有利润。众所周知，基本利润是有限的，也是不稳定的。

（2）20世纪70年代追求管理利润。随着商品社会的发展，商业企业的规模不断扩大，由于管理不善企业往往受到各种损失。因此商业领域普遍重视和加强了对企业内部的管理，通过解决经营管理上的缺陷使商业在确保基本利润外，又获得了由于合理管理产生的利润。

（3）20世纪90年代追求经营利润。现代的商业领域竞争激烈，商业行情瞬息万变，如何及时抓住商机，进行快速、正确和有效的决策，增加利润或减少人为的失误，避免经营风险以获得经营利润，这就要充分利用及时有效的信息作为决策支援。下面是企业经营决策者经常要考虑的3W+1H模式：

WHEN?（在何时？）

WHERE?（在何地？）

WHAT？（会如何？）

HOW TO DO?（采取何种对策？）

3W+1H模式表示在什么时候、什么地方、会发生什么事情、我们应该采取什么样的对策。这不同于传统的守在商店里等待事情的发生而被动地于事后进行应对的模式,而是一种在事前走出店堂依靠有效信息进行主动出击的经营决策模式。另外,针对销售情况制定合理的价格策略,确定安全库存量,合理安排商品的陈列,及时发现滞销商品,及时掌握畅销品等,均可以使企业获得最大限度的经营利润。因此,这种经营管理模式带来的商业利润=基本利润+管理利润+经营利润。而且,正确的经营所带来的利润大大高于前两者。

4. 当前商业面临的其他环境因素。商业企业员工人力资源管理费用的增加,占据了企业利润中相当大的一部分,往往使企业不胜负担;商业企业人员流动率的上升,特别是熟练员工的流动,甚至影响商店的正常营业,往往使企业管理人员疲于应付;商业经营的成本提高而利润趋于低落,只能使管理者千方百计地增加营业额,对管理提高了要求;现代商业经营风险的增加经常使企业经营者忐忑不安,而正确决策的信息依据又无法及时掌握,因此以往的凭经验、拍脑袋的管理方法和制度已无法适应目前商业所面临的商情瞬息万变的严峻情况。

5. 现代高科技的发展有利于商业自动化的进程。虽然目前商业面临上述种种困难,但是现代科学技术的进步给商业的经营管理向现代化、合理化发展带来了希望和实际的支撑。例如,计算机软硬件技术的发展,商品条形码的普及使用和条形码应用技术的发展已使其进入了实际应用阶段;另外,条形码阅读器、电子收银机、盘点机等商业自动化所需的硬件设备及其他高科技产品的支持,使商业自动化有了实现的基础。

上述种种,已使商业领域的人员充分认识到了进行商业自动化的必要性和加快商业自动化进程的迫切性。

(二)商业自动化的构成与目的

1. 商业自动化的构成:商业自动化是以条形码技术为基本元件,紧密结合计算机技术与电子通信系统形成的网络结构。

2. 商业自动化的目的:改善商业的经营方式,提高经营效率,降低商业企业的经营成本,形成商业经营管理合理化、制度化与标准化,使商业的经营管理现代化,从而提高国民的生活素质。

（三）商业自动化发展步骤

商业自动化的实现是一个系统工程，涉及的范围很广，不仅仅是一个企业或一个行业经过努力就能完成的，还需要有政府的参与和全社会的配合，是一个逐步进行的过程。具体说，要经过如下几个步骤：

1. 建立良好的环境。商业企业的经营管理要有一个合理化、制度化及标准化的环境，同时要建立起一套完善的商业法规，以便引入现代化技术进行管理。

2. 经营及消费观念的合理化。使目前的小规模、低水平的经营方式向中大规模和现代化经营转化，同时改变社会总体落后的消费习惯。

3. 商品条形码的普遍使用。商品条形码作为商品全球性的"身份证统一编号"，在商品从生产→配送→销售的整个流通过程中，使信息流通和商品流通结合在一起。因此，商品条形码的普及推广与使用是十分重要的。

4. 建立全国性的商品资料库。全国性的商品资料库包括了厂商资料及商品资料的各部分信息，可供交易双方查询使用，从而加速商品的合理流通。

5. 建立并公布电子数据交换标准 EDIS（Electronic Data Interchange Standard）。EDIS 是指企业与企业之间（或政府部门之间）的各种业务单据往来以标准化的格式在计算机与计算机之间以电子信息的形态传送时使传送和接收双方的信息传输得以统一进行的标准。

6. 信息流通自动化及加值网络 VAN（Value Added Network）。VAN 是指将生产厂商、批发业、零售业相关联的商业信息，通过公共通信服务网络来互相交换的信息系统。VAN 增加了公共通信服务网络的使用价值，可以帮助企业通过计算机和服务网络有效地利用各种信息，从而对企业在经营管理成本、工作时间、工作效率及竞争力等四个方面产生正面的影响。

7. 商品流通自动化。指建立自动化的大型批发配送物流中心，采用综合货架、各种用计算机管理和控制的自动存取设备系统、输送设备等，极大地改善商品流通的速度，进而提高效率。

8. 商业自动化人才的培养。商业自动化实现的关键是人才的培养与使用，同样功能的一个自动化管理系统，在不同人员的管理下，给商店带来的效益将大不相同。因此，人的因素是至关重要的。商业自动化涉及的人

第一章 商业自动化概述

才包括：熟悉商业经营管理的计算机技术人员、懂计算机的商业管理人员、懂计算机的物流管理人员等。商业自动化人才的来源途径包括高校的培养，以及对在职的商业企业的经营管理人员的培训。目前，一些商业院校陆续开始对大学生开设一些与商业自动化有关的课程，对商业有关人员进行相应的培训，并与国内外同行进行交流等。

（四）商业自动化系统结构组成

商业自动化涉及的内容很广泛，其中有政府行为，也有企业行为。各种商品从生产加工完成以后，即进入了商业自动化的范畴。商品从出厂一直到消费者的手中为止，这一商品的流通过程，是商业自动化领域的横向内容；而从电子数据交换（EDI）标准的建立、条形码的使用到仓库管理、销售管理、POS 系统、防盗系统等，则是商业自动化领域的纵向内容。可用图 1-1 来概括商业自动化的系统结构框架，图中左、右两侧虚线之间的内容均包含在商业自动化的范畴之内。

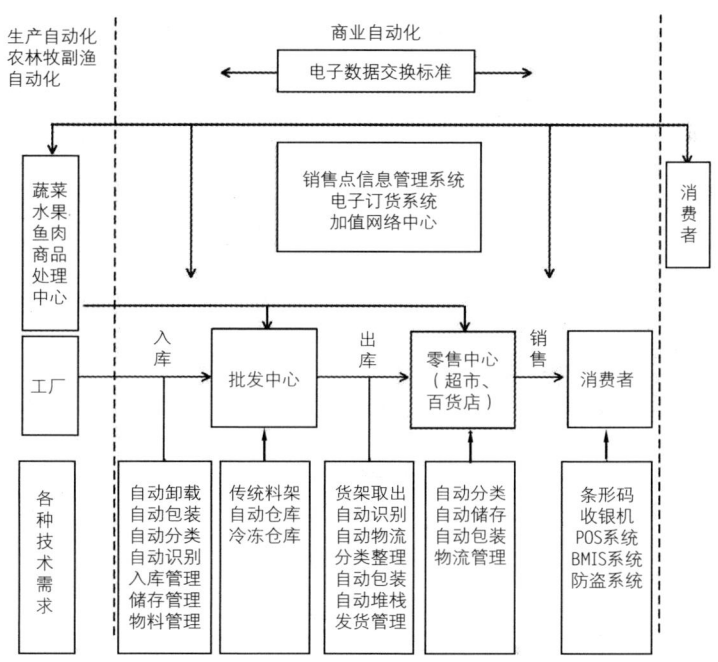

图1-1 商业自动化的系统结构框架

第二节
商业自动化的基本内容

商业自动化的系统结构框架图显示了商业自动化涉及的各种内容，林林总总，范围宽广，内容繁杂。为便于说明问题，可以将之归纳为数据流通标准化、商品销售自动化、商品选配自动化、商品流通自动化和财务记账标准化等五个方面，如图1-2所示。

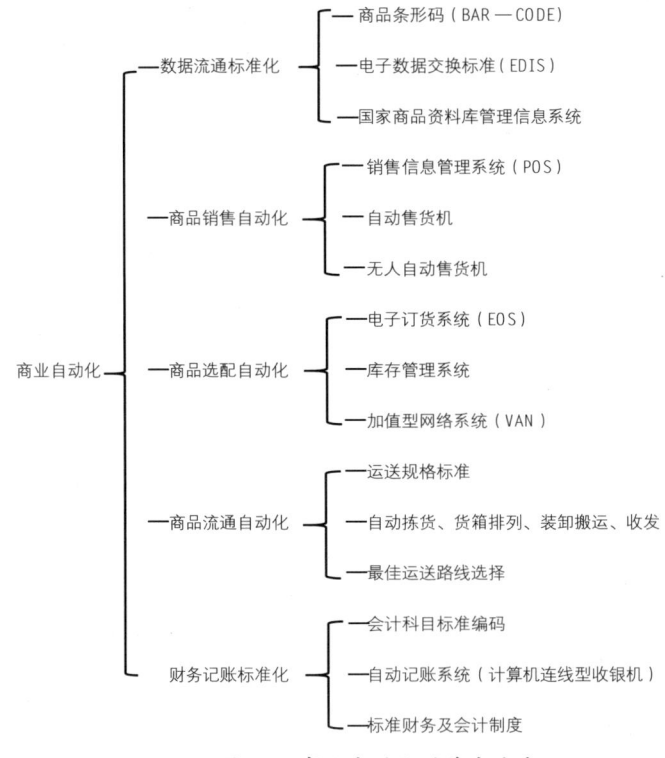

图1-2 商业自动化的基本内容

一、数据流通标准化

（一）商品条形码（BAR-CODE）

1. 商品条形码的定义：由一组规则排列的条、空及其对应字符组成的标记，用来代表某一种商品的号码数字，这一组符号称为商品条形码。商品条形码可以被认为是商品的身份证号码，它具有世界范围内的唯一性。

2. 商品条形码的工作原理：将商品用所申请并获得批准的条形码进行标识，在需要的时候，用条形码阅读器扫描阅读商品上的条形码，把得到的光扫描信号解码为数字信号输入计算机，作为商品从制造、批发、销售的整个流通过程的自动化管理符号。

3. 商品条形码的含义：以国际上通用的 EAN-13 码为例，商品条形码共由 13 位数字组成，其中：第 1~3 位表示国别码；第 4~第 7 位表示厂商码；第 8~12 位表示商品码；第 13 位表示校检码。可见，用这样的编码方法，可以使每一种商品的条形码实现在世界范围内的唯一。例如我国目前已开通使用的商品国别代码为 690~695。将商品用条形码进行标识，商品从生产厂→批发经销→仓储→商店→销售，经历整个物流过程的各个环节，商品条形码则是贯穿整个物流过程的一条连接线。我们可以用商品条形码作为关键字，在物流过程的各个环节中实现对商品的管理。因此，商品条形码是商业自动化得以实现的关键。

4. 条形码的应用：

（1）在商品上的应用：条形码用于商品编码是最为普遍的，从使用形式上对商品条形码进行分类，以 EAN-13 商品条形码为例，可以将商品条形码分为四种类型。

原印码：由生产厂商直接在商品包装上印刷的条形码；

店内码：某些商店在本店商品上使用自己编的条形码；

标准码：完整的由 13 位数码组成的条形码；

缩短码：由 8 位数码组成的条形码，只包含该商品的国家代号和商品代号。

厂商在选用商品条形码时，可以选用 13 位的标准码，也可以按商品的实际需要选用 8 位的缩短码。

（2）在商店自动化中的应用：用条形码标识的商品通过 POS 系统进行销售和数据采集，信息经初步处理后在商店管理信息系统 BMIS 系统中进行进一步的深层处理，所得到的信息即可作为商店全面合理的经营管理的决策依据。

（3）在生产自动化中的应用：条形码应用在生产自动化中，可以对生产的过程实现管理。例如进行产品的分拣、计数、传递控制信号等，以及作为数据标识和采集的手段在订单的收发、送货、仓储等方面加以应用。

（4）在信息流通网络中的应用：通过 EDI 的标准，条形码可用于进行各种商业信息的交换，如商品资料、客户资料、订单资料、价格资料、送货资料、付费通知及其他资料等。

（5）在仓储物流中的应用：利用商品条形码，在物流过程中进行自动卸货、分类、进出登录、订单收发等作业的现场数据采集。专用的物流条形码如 128 码还含有包装箱尺寸与重量等信息，用于计算货架重量。目前开始进入应用的二维条形码还能够包含装箱单的具体内容等更多的信息。

（6）在其他方面的应用：条形码可以用于餐饮业的点菜、KTV 点歌；股票账户卡和其他文本、办公室公文与其他文件，以及各种证件，如电话卡、地铁卡、公园门票等。

（二）电子数据交换标准（EDIS）

简单地说，电子数据交换 EDI 是一种商业信息传递的手段，它能按照规定的协议，经过电子数据通信网络，在商业贸易伙伴的电子计算机系统之间对具有一定结构特征的标准经济信息，进行交换和自动处理。EDI 可以将企业间交易往来的交易单证等数据资料从以前传统的文书、传票系统流信息交换方式改变为依照标准化的报表及规约，通过公共通信网络在交易双方的电子计算机之间进行电子数据传送信息。

EDI 的应用使国际间的贸易产生了实质性的变化，国际上通称为"无纸贸易"。使用 EDI 进行交易，可以缩短数据信息的传达时间，因为是无纸张传送，所以免去了转记操作和数据的重复录入，可以大大减少数据重复录入造成的失误，使数据资料的传输更省力、更迅速且传输精度更高。

电子数据交换标准 EDIS 是为 EDI 能顺利实现而制定的标准化协定，是 EDI 得以实施的基础。国际上通用的 EDIS 包括的内容很多，也很详细，主要有使用通信回路及传送控制顺序的通信标准协定、使双方理解的数据表格、数据码的标准协定、针对网络运用及故障处理的系统应用协定、EDI 业务与保密等基本事项协定等。

EDIS 的基本内容可以用图 1-3 来表示。

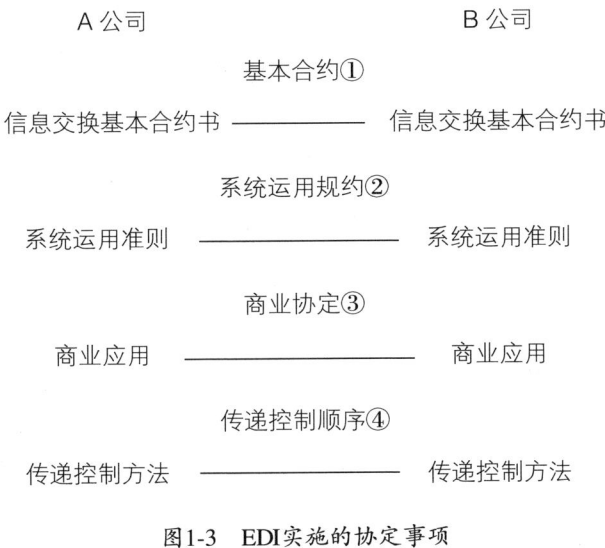

图1-3 EDI实施的协定事项

其中：

①有关信息交换的基本规约，包括适用范围、费用负担等。

②有关业务运作的规约，包括适用时间、故障时的措施等。

③信息表现方法，记载日、记载顺序、表示方法等文书格式标准，以及流通业中的标准数据格式等。

④信息传送方法规约，信封格式标准等。

关于 EDI 的工作原理和应用，在以后的章节中将作进一步的介绍。

（三）国家商品资料管理系统

为适应商业自动化的需要，必须建立全国性的条形码管理机构和数据资料库，用以对与条形码有关的事宜进行管理。包括制定条形码国家标准和技术文献；审查接纳商品条形码系统成员，分配厂商代码和商品代码；对条形码的印刷、条形码设备进行质量监督检查；对外与国际物品编码组织联系，跟踪世界先进技术，代表国家参加国际物品编码组织的活动等。商品资料包括汇集厂商资料与商品资料两部分内容，以供有关单位查询和应用。

我国商品资料管理机构是中国物品编码中心，于 1988 年 12 月在北京成立，主管国内的物品管理工作，并在各省、市成立了物品编码分中心，分别负责协调本地区的物品编码与管理工作。

二、商品销售自动化

商品销售自动化主要包括销售信息管理系统 POS、自动销售机和无人销售商店。

（一）销售信息管理系统 POS（Point of Sales）

1. POS 的定义：POS 是由带有光学自动读取式条形码阅读器的收银机和计算机组成的网络系统，在销售的同时采集每种商品的销售信息，并将商品的进货和配送等阶段所发生的各种信息传送到后台计算机，通过计算机的处理及加工，作为商店进、销、调、存、退的合理决策依据。

POS 系统应用的前提是商品条形码的普遍使用。

2. POS 的处理过程：用条形码标识的商品→经光电扫描读取条形码→转换成相应的数字信号输入电子收款机→搜索商品数据库→电子收款机接收数据并结算、开具单据，将有关数据输入计算机→通过网络将数据传送到后台计算机→进一步进行分析处理，做出调整决策，使进、销、存更趋合理。

3. POS 系统的作用：POS 系统可以通过对商品实施单品种管理，逐一把握商场陈列的每一种商品的销售动向。POS 系统可以如实记录每一个营业员的工作情况和营业业绩，以实现对营业员的管理。POS 还可以通过信用卡来掌握每一位顾客的消费情况，以实现对顾客的管理。关于 POS 系统的功能及其实施将在后面的章节详细介绍。

第一章 商业自动化概述

（二）自动销售机

自动销售机是由顾客自行付款及取货的自助式售货机，除了将商品装入售货机并取出货款外无须人员管理，主要用于销售单一包装的简单商品，如食品、饮料和香烟等，所销售的商品一般价格较低且为整数。自动销售机往往安装在车站、广场等公共场所，既方便顾客购买，又可减少人工管理，降低成本。

（三）无人销售商店

无人销售商店有以下两种形式：

1. 简单的无人售货店：这是一种由自动售货机组合而成的顾客自助型商店。在一个不大的营业面积中排列若干台自动售货机，可以销售有限的少数品种的商品。一个员工可以管理好几家这样的商店，在国外较受欢迎。

2. 智慧型商店：这是一种全自动的高科技无人销售商店，是真正意义上的无人销售商店，可以这样描述这种商店的营业过程：

购货客人进店 → 面对屏幕显示欢迎语的交互式影像机 → 插入个人购物卡 → 屏幕显示该顾客上次购物记录供参考 → 然后显示购物手推车，使你感到似乎迈步在商场 → 屏幕逐一显示当天可供应的商品形象、价格和有关的商品介绍广告 → 顾客根据需要逐一按键选择购物 → 按退出键表示完成购物 → 商店自动结账，按规定给予顾客优惠折扣 → 商店自动整理顾客当天所购商品，并将购物习惯记录在案 → 所购商品自动包装整理，取出交顾客带回式送货到家。

按上述营业过程的描述，这种无人销售是一种理想的模式，在美国和日本均已有无人销售的商店。

三、商品选配自动化

商品选配自动化包括了商品进货、库存、配送等内容，其中商品进货自动化是通过现代化的通信网络来提高商品采购的工作效率，通过合理的库存管理来降低库存资金的占用、减少库存损耗和降低劳动强度。具体包括电子订货系统 EOS、库存管理系统和加值型网络 VAN 等三方面的内容。

（一）电子订货系统 EOS（Electronic Ordering System）

传统的订货方式是通过电话、传票、传真或当面签订合同进行的，其缺点是十分明显的，如，往返速度慢、容易听错或记错等，从而造成失误。

EOS 是指将零售商店或连锁店所发生的订货资料，通过计算机或有关设备当场输入系统，并即刻通过通信网络传送到批发商或总公司、生产厂商处的一套自动订货系统。

1. EOS 的优点。采用电子订货系统 EOS，其优点是显而易见的，归纳起来有如下几个方面：

（1）避免在订货及传票处理上出错。

（2）迅速处理越来越多的订货资料。

（3）简化订货作业过程（传票，转录登记）。

（4）避免因订货出错而发生送错货物等问题，降低物流成本。

（5）利于少量多样的订货以防止缺货，并降低库存。

2. EOS 的操作过程。

EOS 的操作过程可以用图 1-4 来说明，与 EOS 有关的业务见图 1-5。零售商店或分销店用手持式盘点机记录货架上所缺的商品或者直接扫描订货簿产生订货资料，通过连接线或其他方式输入计算机或带有交换机的电话机，将订货资料通过通信网络传输到 VAN 中心。中心负责将各零售店的订货资料集中归档，分类后再通过电信网络传送到制造厂商或商品配送中心的计算机中。制造厂商或商品配送中心的计算机系统接到订单后，根据订货资料自动开具出货传票，指示仓库出货、理货、包装，并做好库存管理，再将商品送到订货的零售商店或分销店，完成一个电子订货的过程。另外，零售商店或分销店也可以越过 VAN 中心而直接将订货资料传送到制造厂商或商品配送中心进行订货。

3. EOS 的设备

电子订货系统除了必须有公共通信网络的支持以及网络中心和制造厂商或商品配送中心的计算机系统外，订货方还需要有以下设备：

（1）EOS 手持式盘点机。这是商店用于输入订货资料的工具，带有便携式条形码阅读器，输入所需商品的条形码及数量，可与计算机连接。

第一章 商业自动化概述

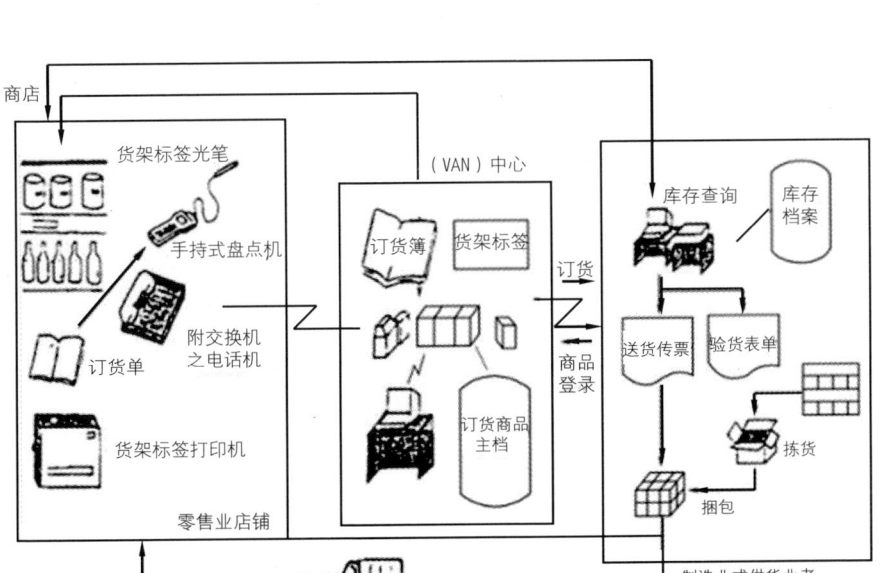

图1-4　EOS的操作过程图

（2）附有交换机的电话机。将盘点机输入的订货资料通过交换机转换，再经由公共通信线路传输到制造厂商或商品配送中心。

（3）订货簿。事先将各种商品的条形码印刷在订货簿中，以便直接读取订货资料。

（二）库存管理系统

一般大型仓库存储的商品种类较多（几万到几十万种），商品的供应及配送次数多，进出频繁，库存商品查找困难，管理极其复杂。传统的以人工方式对商品出入库随时登账，往往会造成商品进出货速度缓慢，劳动强度大，难以应付日常的业务需求。另外，库存商品的盘点工作极其困难，不但工作量大，而且往往出现库存商品与实际账面不符的情况，造成库存的商品损耗。

现代化的库存管理系统采用条形码货架，由计算机控制的输送带等自动存取设备。仓储计算机信息系统记忆商品存放位置、数量、保质期等信息，在商品出库时能迅速找到并自动取出，同时可随时提供现有库存信息的查询，提示缺货进货，并兼有检货、分类、包装、运送等功能。

商业自动化技术与应用

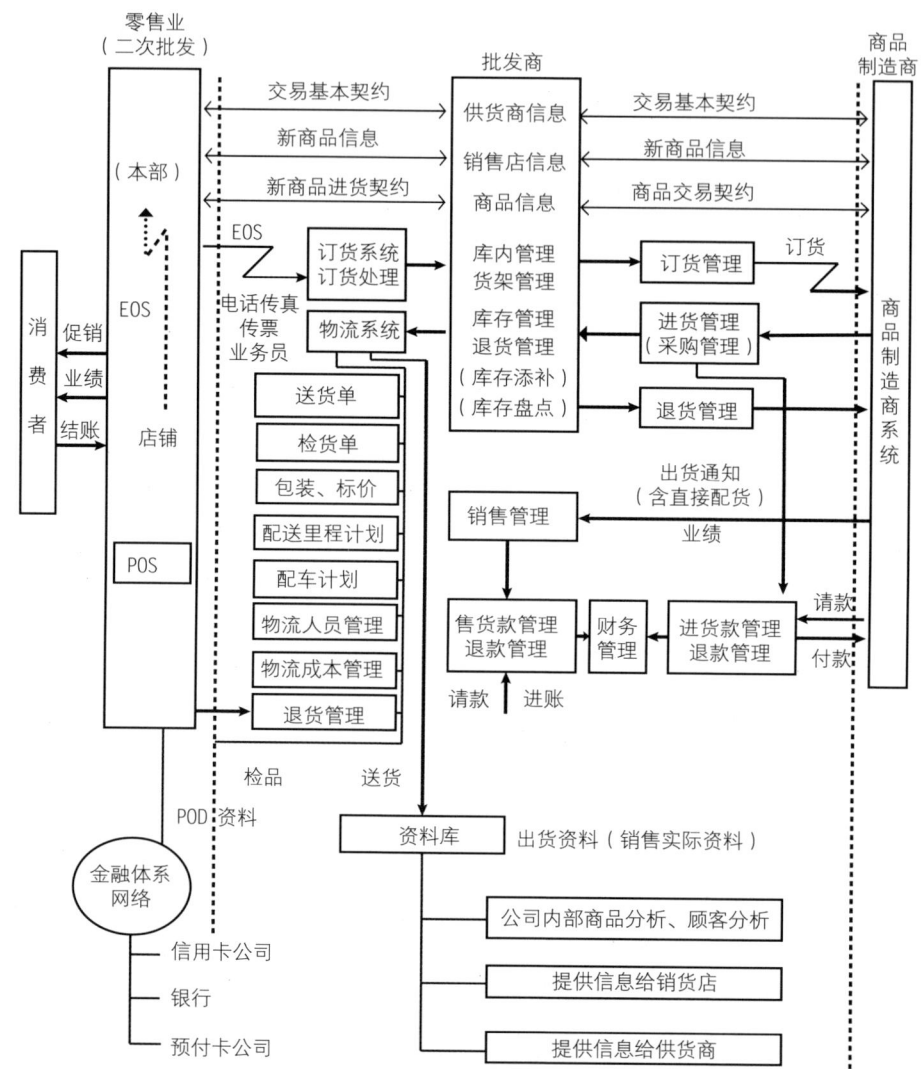

图1-5　EOS有关的业务图

（三）加值型网络VAN（VALUE ADDED NETWORK）

加值型网络VAN系统是指将与生产厂家、批发商、零售业相关相连的各种商业信息，通过通信服务网络来进行互相交换的信息系统。所谓加值是指加在传统的电信基本网络上的各项服务，使通信网络的使用值得以增加。

VAN系统传输的信息是商品在流通过程中产生的各种信息，如商品的本身信息、顾客资料、订货资料、公司业绩资料、进货资料、库存资料、配送资料、催款付款资料等。VAN 系统的目标是发展成一个全国性的乃至国际性的、开放式和资源共享的应用系统，使人们可以及时传送，得到各种有用的信息。

（四）商品流通自动化

商品流通自动化的内容包括自动装卸系统、自动检货系统、货箱自动分类系统、进出货自动登录与传输系统、订单收发系统等，可归纳为如下三个方面：

1. 运送规格标准化。商品流通自动化必定要涉及运送规格的标准化问题，以利于商品的流通，主要包括如下几个方面的应用标准：

（1）商品的包装规格与材质；

（2）检货自动识别标准；

（3）库房规格统一化、标准化；

（4）货车、货箱规格标准化等。

2. 自动理货、货箱排列、装卸、搬运。商品在流通过程中的理货、货箱排列、装卸、搬运等，均采用各种仓储自动化系统及有关设备，自动完成上述各项工作。

3. 最佳运输路线选择。指商品在运输过程中的路线选择，合理的选择将大大节省运输成本，提高商品的运输速度。例如，连锁超市的配货中心位置的选择是否合理，将在很大程度上影响商品运输的效率。最佳运输路线选择系统在综合考虑了现有的仓储资料、客户货物的存放地点等情况外，还要选择合适的运输工具，并根据已有的交通资料，自动提供最短、最方便的运载线路安排，同时使用自动化的搬运系统和工具。

商品条形码的应用在整个商品流通过程中起了重要作用。保证商品物流的畅通也是商业自动化的一个重要内容，物流不能畅通，自动化的效率将无从谈起。物流的高效率除了依赖于整个社会的交通、通信和储运业的软、硬件环境外，也依赖于高质量的信息系统及自动化设备的应用。

物流自动化追求的目标是所谓的即时计划 JIT（Just in time），即在流通的各环节中保证适时、适量、适价的商品供应。也有人称之为"6R(Right)"

技术，即正确的产品、正确的数量、正确的价格、正确的时间、正确的地点、正确的表示。

在商品流通的自动化处理中应用的重要信息系统设备也很多，除了上面所述的内容外，物流中心的计算机管理系统、手持终端设备（HHT）、自动识别（主要是条形码）设备、电子订货终端（EOB）等，都将是商品流通自动化控制中所需的重要工具。其中尤以条形码的应用最为重要，它在物流管理中广泛地应用于货品的自动分类、按订单检查、货品位置管理、盘点、出货检查、退货处理、储运过程的跟踪等许多方面，还可应用于账单的编号中，以改善事务处理。

（五）财务记账标准化

1. 会计科目标准编码

通用的会计科目标准编码由国家权威机构制订。例如，在我国，一级会计科目是由国家财政部制定的；二级会计科目一般由行业制定；而企业制定各自单位的三级以下的会计科目。

2. 自动记账系统

在商店里，如果应用了POS系统，则POS系统可以进行自动记账。由计算机连接的电子收银机，在销售的同时收集商品信息，并自动输入计算机进行处理，可随时进行记账，并输出有关报表。一般收银机可输出多达几十种报表，但常用的有如下几种：

单品销售报表——某一商品销售清单；

销售日、月报表——销售的日报、月报；

时段分析报表——按设定的时段（如每小时）分类的销售报表；

部门销售报表——按部门分类的销售情况报表；

设定状态表——收银机键盘设定清单；

单品进、销、存报表——按商品分类的进、销、存报表。

在实际应用中，POS系统的后台管理系统还可根据需要列出其他多种财务报表，如在账务方面有：

往来客户应付账款明细表；

应付账款总账；

第一章 商业自动化概述

按日期付款明细表；

交付清单日报表等。

3. 标准财务及会计制度

国家权威机构制定会计及财务制度的标准、统一财务报表的格式，各企业按这些标准执行，以便于上级机构管理、审查及同行之间的交流。

（六）商业自动化的其他内容

商业自动化的其他内容主要包括电子广告和商场的防盗系统。

1. 商品电子广告

任何商家都明白，合理的宣传广告可以促进商品的销售，或者说，商品的销售离不开广告。传统的商品广告采用各种形式，如柜台样品、模特、实物表演、电视录像及广告宣传品等。

目前在商业领域已开始大量采用计算机控制编辑的活动广告，这种活动广告有以下两种类型：

（1）计算机编辑的 LED 小型室内广告显示屏。由发光二极管阵列组成小型显示屏，按程序显示广告内容。

（2）高亮度计算机控制大型广告显示屏。由高亮度的发光二极管或先进的六面体翻板组成，一般均是大型的并且设置于户外，随时按需编辑广告内容，工作寿命较长，但价格昂贵。

用计算机编辑的各种大小规格的由 LED 发光二极管组成电子广告屏，可按事先编辑的程序显示商品广告内容、商店的各项商业活动等，它可安装在商店的柜台上方和店堂的各个醒目的位置，用来进行商品、生产商的介绍和其他广告内容，如商场的商品促销活动等。而由计算机控制的大型广告屏可在户外日夜工作，通过计算机的编辑，用以显示各种图形、文字、三维动画，甚至转播电视录像等。这种设备可以播放各种大型广告，具有播放时间长，管理和播放内容更新方便，广告价格便宜等优点（如图 1-6 所示）。

2. 商场防盗系统

目前，越来越多的自选商场、超市乃至大型商场采用了受顾客欢迎的开架陈列售货，开架销售的商品包括包装食品、日用杂品、服装，甚至一

商业自动化技术与应用

图1-6　某百货商场的大型户外电子广告屏

些高档商品，让顾客与商品直接接触，这种营销方式深受顾客的欢迎，是当今商场商品销售的主流，但这也给商店带来了严重的失窃问题。

据统计，开架售货商店的平均失窃量约占商店总销售额的3%~10%，最高的达15%。

这给商店带来了较严重的经济损失。为了减少由失窃带来的损失，国内有的商店经常采取在店内张贴警告牌、播音提醒及增强警卫等方式，但这些举措往往会破坏商店的气氛，不利于激发顾客的购买欲，甚至会造成种种不愉快。使用商场防盗系统可有效减少和防止商店的商品失窃现象。

目前应用较多也较有效的商场防盗系统有如下两类：

（1）电视摄录像监视系统。在商场设置摄像系统，摄下整个商场的现场情况，工作人员在商店的监视中心观察显示屏，当发现偷窃情况后即通知现场进行处理。这种监视系统的优点是技术成熟、形象直观、使用方便。但是，上述系统不可避免的缺点是投资费用大、日常使用要投入较多的人力，并且摄像监视有死角，从监视中心到现场处理出现延误往往会造成不愉快，而且此系统也容易发生故障。

（2）电子商品防盗系统。该系统的原理是利用高频电磁感应产生共振信号,经处理后进行报警。该系统由一个信号发送器和一个信号接收器组成,做成门框式样安装在商店门口。商品的标签上藏着电磁感应线圈,当未经处理的商品经过大功率电磁波发射天线,接收器便发出报警信号。

电子商品防盗系统具有下列特点:

①可方便地结合 POS 系统,直接在防盗标签上印制条形码,加上门框式天线,易于隐蔽;

②无须专人进行监视,有利于提高服务质量;

③顾客无压迫感,以营造商场舒适的购物环境;

④系统无任何连接电缆,安装方便,故障率低;

⑤系统可靠性高,不会因失误产生误会,也不受电磁干扰;

⑥一次性投资,标签可回收使用,成本低;

⑦可用于任何场合、商店;

⑧技术成熟,功能完整,有多种专用标签。

商场电子防盗系统如图 1-7 所示。

图1-7 商场电子防盗系统

第三节
国内外商业自动化系统应用概况及发展趋势

一、国外商业自动化现状

（一）电子收银机的普及

美国、西欧、日本、韩国等国家和地区以及我国的台湾、香港地区先后经历了使用第一代机械式收款机进行单纯收费，第二代 ECR 电子收银机并组成 POS 系统，第三代 PC 基准收银机等阶段。目前各类商店已普遍使用电子收款机，基本上完全代替了人工收费，并且普遍选用第二代以上的电子收款机，而中、大型商场大部分采用第三代的 PC 基准收款机，由于商业界普遍推广使用商品条形码，使电子收款机的应用更广泛。

以日本为例，其于 1978 年开始采用条形码，到 1983 年，商品条形码的普及率达 60%，1986 年食品业有条形码的商品达 97%，其他商品达 90%。目前除特例外，基本所有商品均用条形码，所以几乎所有商场均使用电子收银机。

图 1-8 是日本食品及日用杂货原印条形码普及率的进展情况，从中可以看出日本商业自动化的发展速度。

（二）POS 系统的应用

商品条形码的普遍使用，以及电子收银机的普及与技术提高，使 POS 系统在超市、自选商场及中、大型商场得到普遍使用，而商店也收到了极高的经济效益。

以美国为例，大型商场、专业商店、普通商店均采用各种类型的，功

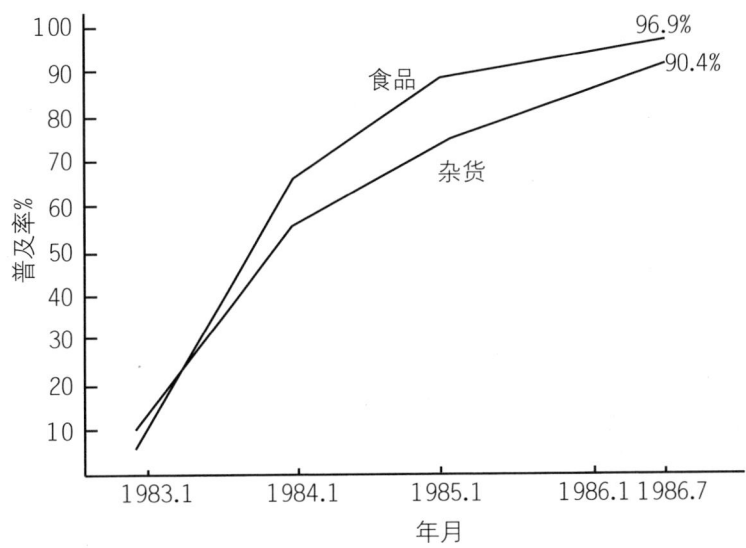

图1-8 日本食品及日用杂货原印条形码普及率进展

能大小不一的 POS 系统。1983 年，百货店、专门店和普通商店 POS 系统的使用率分别为 66%、38% 和 12%。到了 1985 年，则分别为 78%、62% 和 60%，而到 20 世纪 90 年代，已达 95% 以上。

在日本，大部分商店基本上均采用了 POS 系统，新加坡等地商场的 POS 系统发展也很迅速，已基本得到普及。

（三）大型商场的信息管理系统 BMIS

POS 系统的实际使用，解决了商品销售时的信息情况汇总任务问题，并可进行一些简单的销售分析统计，使商店的进、销、存管理趋于合理。但大型商场的管理头绪繁多，如商品的进、销、调、存、退管理；商场的财务、人事管理；商场经理对商店经营所需的统计分析、决策信息等，就不是一般的 POS 系统所能完成的。

商场的管理信息系统 BMIS 可完成对上述信息数据的集中处理及信息的咨询、管理、决策支持等工作。国外的大型商场普遍在 POS 系统的基础上建立了 BMIS 系统，将商场涉及的所有信息汇集在 BMIS 系统中进行集中管理，从而完全实现了对商场管理的计算机化。

上述各项管理工作由商场总部设立的计算机中心来完成。大型商场一般的 BMIS 系统的模块如图 1-9 所示。

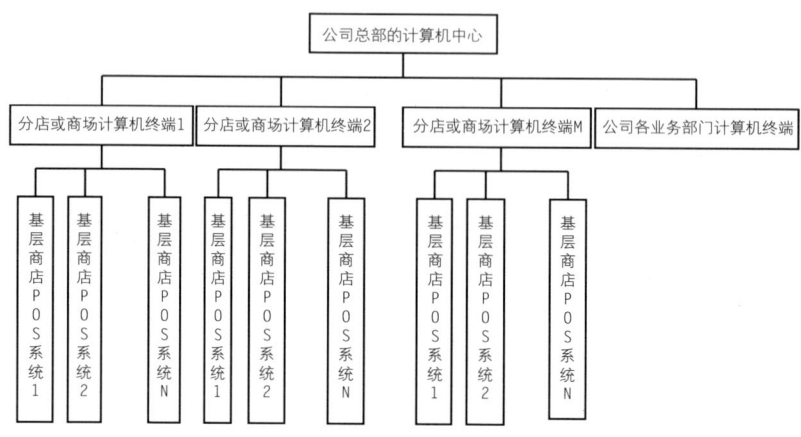

图1-9　大型商场的BMIS系统的模块图

（四）商业电子广告、防盗系统的使用

商业电子广告作为一种重要的促销手段，可提高顾客的购买欲。因此，国外的商店在商场的内、外及交通要道等处大量使用商业电子广告，以达到树立企业形象、介绍商品、推销商品的目的。

另外，国外的商店由于聘用员工的费用成本高，因此一般人员较少。但商店为了改善购物环境，美化企业形象，同时也为了减少商品失窃现象，降低损失，已普遍采用各种防盗系统，特别是电子商品防盗系统。

二、国外商业今后的发展方向

（一）智慧型商店与直销营业

前面提及的高科技全自动化智慧型售货商店，具有良好的购物环境及完整的信息管理。在日本、美国已有样板商店，国外发展的趋势良好。

直销营业即所谓的无店铺销售，用人力或函送方式及通信直接与顾客接洽销售，具有主动出击性，送货到户，购物便利。商店每周、每旬或每月印发精美的商品信息资料给顾客，供顾客选购，在日本、美国等地发展较快。

（二）通过 EDI 系统与 VAN 系统以通信方式售货

电子数据交换 EDI 与加值型网络 VAN 在日本、美国等地已从行业系统范围发展为全国性的网络系统，以后将与普通消费者家庭计算机连接，形成一个社会性的广泛商品销售网络，甚至发展成一个国际性网络。消费者通过家用计算机直接购货已不是一件新鲜的事情。另外，随着因特网（Internet）的迅速发展，电子商务也得到很快的发展，消费者在网上进行购物已经成为现实并越来越普及，如图 1-10 所示。

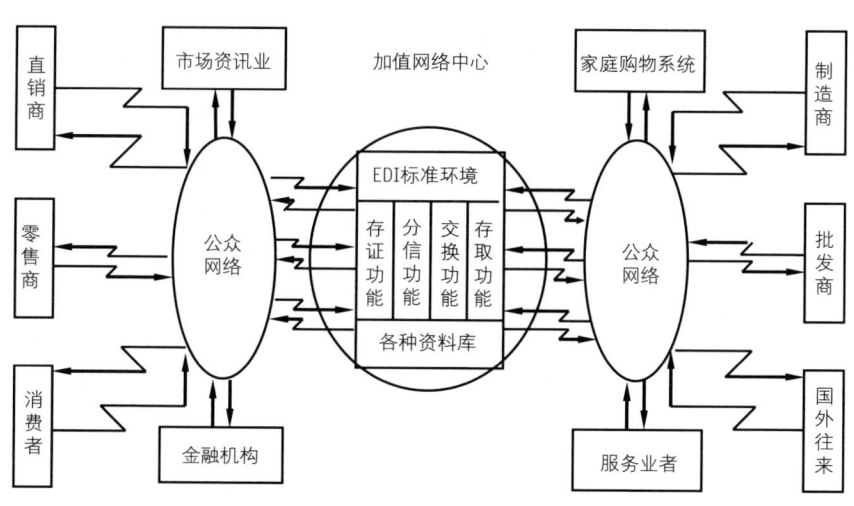

图1-10　VAN的网络结构示意图

三、我国商业计算机应用概况

由于商业本身的特点，商业自动化较难实现。另一方面，由于我国商品条形码的开展与普及较晚，我国的商业在这方面与先进国家相比显得较为落后，发展较慢，水平也较低。但是，上海、北京、广州等经济较发达的大城市相应起步较早，发展也较快，目前基本上已经接近国外的先进水平。而在全国范围来讲，还是处于发展阶段。

（一）中、低档电子收款机开始在自选商场应用

在大型百货商店附设的某一类商品（如化妆品、食品等）的自选商场，主要出售食品及日用类商品的小超市（如上海的联华超市）等均已普遍使用电子收款机。但其中大部分是只能用于收款的第一代收款机，或者是中档的 ECR 收款机，还未组成 POS 系统，好在也有不少商店已开发或引进了 POS 系统。

（二）POS 系统的引入

某些自选商场、超市已经开始应用 POS 系统，但由于商品条形码在我国尚未普及，有的商店不使用条形码阅读器，而是仅用键盘输入销售数据。这样，商品的销售管理难以管理到单品，只能管理到商品大类。因此，这样的 POS 系统功能是不完整的。有的商店 POS 系统只有前台销售管理软件，没有或仅有不完整的后台管理软件系统，限制了 POS 系统优势的发挥。许多商店的 POS 系统功能不完善，特别是用于辅助决策的功能缺少和不完整，无法体现引入 POS 系统的好处和效益，影响了 POS 系统的发展。

（三）BMIS 系统的开发应用

计算机的使用在国内商店已进入初步阶段，许多大中型商店已开始使用计算机进行经营管理，有些商店已开发使用了 BMIS 系统，但是，限于技术和资金等各方面的原因，商店开发应用 BMIS 系统的积极性不高，效果也不甚理想，大部分大中型商店 BMIS 系统的应用仅仅停留在收集、整理信息的阶段，而没有对所收集的信息进行深层次的加工处理，影响了 BMIS 系统功能的发挥。

四、商业自动化是时代发展的趋势

商业是国民经济发展的重要部分，社会经济的发展，人民大众收入的提高，让社会购买力随之上升。现代商业企业经营的商品多种多样，广大顾客的消费观念发生了极大的改变，对商店的服务质量有了新的要求。商店本身却面临着员工工资的增加，企业经营成本的上升，经营风险也在提高……传统的商业管理方法已越来越难以适应这些情况。事实证明，在

第一章 商业自动化概述

商业系统推行商业自动化，其优点是明显的。电子收款机、POS系统、BMIS系统的应用将使商业企业的经营管理更加合理，这也是使企业提高竞争力的关键，会给商店带来明显的效益。同时，也可以使生产更接近市场。另外，世界已经进入了信息化和网络化时代，电子商务的发展带来了一个巨大的网络虚拟市场，而对商业企业来讲，如果仅仅依靠经营传统市场，在不远的将来会因落后被淘汰。因此，在我国积极推进和发展商业自动化SA（Store Automation），提升我国的商业管理水平，可带来国民生活水平的提高。这是经济发展的需要，也是时代发展的趋势。

第 二 章
条形码技术与应用

商业自动化技术与应用

第一节
条形码技术概述

当今世界已进入了一个信息经济时代，信息技术迅速发展并向经济和社会各个领域渗透，成为最活跃的新生产力。因此在当今全球经济和技术的竞争中，发展和应用电子信息技术，进行数据资料流通已成为世界各国各行业的共同选择。

电子信息的流通技术是高技术的核心，信息服务是第三产业的一个重要部分，推广与应用电子信息是经济界、科技界及社会各方面工作的首要任务。

因为数据资料流通涉及国际、国内及各行各业，所以其流通要有一个标准是必然的，而数据资料流通的最高境界是不需要专门的翻译。要达到这样的境界，必须在数据资料（例如商品数据资料）的通信网络中，推行一个全球统一的标准，而这个标准正是商品条形码能实现的。

一、条形码技术发展简史与现状

（一）什么是条形码

条形码技术是一种自动识别技术。它是一种可供电子仪器识别的标准符号，它所表示的各项信息内容，能正确快速地为产、供、销各环节在采集、处理和交换各种信息时提供标识。与其他自动识别技术相比，条形码具有标准化程度高、输入速度快、准确度高、使用成本低、可靠性强和操作简便等优点。

众所周知，计算机的数据输入技术与计算机处理之间存在一个瓶颈。

往往一个应用系统的开发已经完成，但却由于基本数据的输入要花费很多的时间，而影响系统投入实际应用。在一些计算机实时应用的场合，数据输入的缓慢和难以避免的输入错误极大地影响了计算机处理数据的速度和精确性。

目前，计算机应用系统采用的数据输入方法通常有如下几种。

1. 手工键盘输入。这是传统的最常用的数据输入方法，是将经手工抄写整理的数据，通过键盘键入，或直接将即时数据在键盘上输入。这种方法的平均输入速度为 200 字符 / 分，而误码率为 1/300，并且往往会造成数据的重复出错，不适合实时输入的场合。

2. 自动识别技术输入数据。指不通过人工键盘录入的方法向计算机输入数据的各种技术，以解决人工输入数据的缺陷，实用的自动识别技术有如下几种：

（1）光符识别技术（OCR）。采用一种人和识别器均可识别的印刷符号，用光符识别扫描仪进行水平和垂直方向的扫描并完成自动识别和数据输入。这种识别技术的缺点是误码率较大，达 1/10000，而且操作较复杂，首次成功读出率低，早期为美国的金融业使用较多。

（2）磁字符识别技术（MICR）。这是一种仿效铅字印刷，采用含有磁性的涂料来印刷字符的技术。所印刷的磁字符肉眼可读，也可使用全自动磁性扫描仪自动读取。读取设备与被读字符直接接触读入。这种技术的缺点是涂料特殊、设备复杂、费用昂贵、误读率高，欧美的银行系统长期使用。

（3）磁性条识别技术（MBR）。磁性条识别常用于银行的存取信用卡等。缺点是对环境要求高、读取设备复杂、成本高，银行系统应用较多。

（4）机器视觉系统（MVS）。使用高分辨率的摄像机，通过信号处理，经电路输入计算机。这种技术目前常在自动检查、分类和图像识别中应用，例如图像扫描仪等，目前在文件处理中应用较多。

（5）语音识别技术（Speech Recognition）。这是通过一套语音输入设备，直接将人的语音输入计算机，并自动转换成数据和文字的技术，目前已开发出较成熟的实用系统。但是，这种技术对硬件设备有很高的要求，并且往往在嘈杂的环境下难以工作。

（6）条形码识别技术（BAR-CODE）。条形码识别技术是用一组宽度不同、平行相邻的条和空，按照一定的编码规则组合起来的符号，来代表一定的字母、数字等信息。然后，用条形码阅读器扫描条形码，得到一组反射光信号，此信号先经电转换后变成一组与条、空对应的电信号，将此电信号放大形成数字信号，再经译码后变为相应的数据，输入计算机，完成识读的过程。

条形码识别的各种相关技术已经成熟，其适应性强，识读的可靠性高，输入速度快而准确，成本低应用面广，其误码率约为 1/1000000，首读率大于 98%，是一种十分先进的识别技术。

每一个商品的条形码在世界范围内唯一。商场可以根据商品条形码很方便地在数据库中找到该商品的数据记录并进行整理。

（二）条形码发展简史

条形码最初出现在 20 世纪 40 年代，但是直到近 40 年才得到实际的应用和快速的发展。现在，欧美、日本、东南亚及其他经济发达地区已普遍使用商品条形码。商品条形码正快速地向在全世界推广。虽然条形码最初和最多的应用是在商业领域，但现在其应用领域越来越广泛，正逐步向其他技术领域渗透。

最早的条形码是 1949 年由美国的乔·伍德兰德和伯尼西尔为研究食品项目代码及相应设备而发明的，并获得了专利。最早的条形码是一种同心圆环代码，俗称"公牛眼"（如图 2-1 所示）。

1959 年，吉拉德·弗伊塞尔用 7 段平行条来描述数字 0～9。以后 E.F 布宁克将此条形码用于有轨电车，这是条形码的最早应用。

1969 年，电子收款机的问世大大加速了条形码在商业系统的应用。1970 年，美国超市委员会制定了商品代码 UPC 码，并用于杂货零售业。

1971 年，布莱西公司研制并公布了布莱西码及识别系统，并用于管理。1973 年，美国统一编码协会 UCC 建立了 UPC（Universal Product Code）条形码系统，制定了相应的标准，并在食品行业内将 UPC 码作为标准码制使用。条形码技术由此开始从研究阶段进入了大规模实际应用阶段。顾

第二章 条形码技术与应用

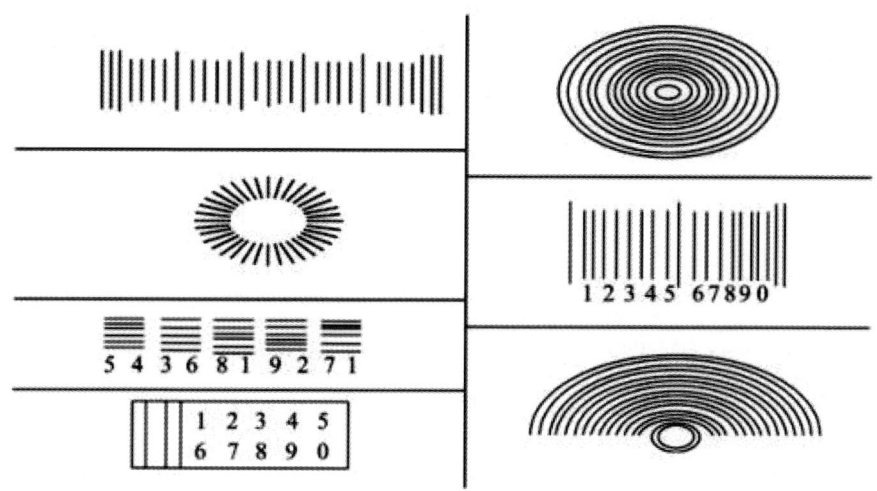

图2-1 早期的条形码符号

客进超市购买商品时，收款员只需用光笔画过条形码或通过其他条形码阅读器扫描，计算机就自动读取 UPC 码，通过数据库中确定这些商品的有关信息，如商品的名称、品种、制造厂商、价格等，并在顾客购买结束后，立即进行汇总结算，输出总金额，同时还能实现对商品销售信息的分类、汇总、更新库存、对经营情况进行分析等，大大提高了工作效率。美国和加拿大至今使用 UPC 码。

1974 年，Interme 公司的戴维·阿利尔推出了字符集中包含全部字母符号的 39 码，使条形码能标识的信息范围更大，表示的信息量更多。很快 39 码在工业及军事领域得到了广泛应用。

1977 年，欧共体在 UPC-A 码的基础上修改制定了欧洲物品编码 EAN-13 码及其缩短码 EAN-8 码，并成立了欧洲物品编码协会 EAN。到 1981 年，EAN 已发展成为国际性组织，改名为"国际物品编码协会"。商品条形码在世界范围内迅速被推广使用。

1981—1982 年，适用于物流领域的、能表示较多信息的 128 码被推出应用。在这以后推出应用 93 码，其符号密度比 39 码高 30%。1982 年后，又相继推出了交叉 25 码、库德巴码、49 码、16K 码等共四十多种不同的码制。

条形码发展到今天，又在原来只能在 X 轴方向上表示信息的一维条形码的基础上，发展出了在 X 轴、Y 轴方向上均能表示信息的二维条形码，二维条形码可在相同的空间表示更多的信息，使条形码技术的应用起了质的变化。

（三）条形码技术现状

1. 国际及国内管理机构组织的完备

1977 年 2 月 3 日，欧洲 12 国正式成立欧洲物品编码协会 EAN，1981 年该协会成为了国际性组织，易名"国际物品编码协会"，下设秘书处、EAN 全体会议、EAN 执行委员会等机构。至 1990 年 7 月已有 46 个国家参加，有 95419 家厂家、165479 家商店成为 EAN 的会员，并以每年 20% 的速度递增。至 1995 年已有上百个国家和地区成为 EAN 的成员，EAN 的主要会员有：

（1）美国。美国是条形码的起源地，到 1986 年为止，90% 以上的厂商在产品上印原印条形码，商业、制造业、物流、医药、军事等各个领域对条形码均有应用。特别是商业界，其对商品流通领域的信息反应可以用秒来计算。

（2）日本。1970 年开始研究条形码，1978 年加入 EAN，目前是 EAN 的最大会员国，到 1995 年为止，有 31000 家工厂的近 1 亿种商品使用条形码。特别是在条形码的应用设备方面，日本是全世界最大的供应商之一。

（3）西欧。是条形码应用最广泛的地区，商品流通领域已全部应用商品条形码。

（4）中国。1988 年加入 EAN，成立了中国物品编码中心，负责条形码技术在国内的推广和应用，在全国各省成立了物品编码分中心，建立了一个完整的工作和管理体系，中国的条形码应用得到了有序的管理，走上了正轨，取得健康的发展。

2. 条形码具有完整的国际通用标准

由于国际及国内组织完备，条形码具有完整的各类规则和标准，条形码的标准包括编码规则、符号标准、尺寸标准、使用标准和印刷质量标准等国际统一的标准。这些标准对条形码的各种术语、组成条形码符号的各部分尺寸、条形码的印刷位置和使用方法、条形码的印刷质量等均作了明确的规定，以便用户使用和国际间的交流。

3. 条形码的相关技术发展成熟

主要表现有：

（1）条形码印刷技术成熟。条形码是一种对印刷要求较高的符号，目前，已发展出多种条形码印刷方法，印刷的精度大大提高，保证了条形码的阅读。商品包装上可印制商品的原印码，用各种先进的打印机打印的条形码也能付之使用，而手持式条形码专用打码机可边印边贴，使条形码的打印更方便实用。

（2）多种形式条形码阅读器。目前条形码阅读技术已相当完善，发展了各种实用的条形码阅读器，保证了条形码的识读。常用的条形码阅读器从外形分有笔形、手持CCD、激光枪形和固定激光形；从使用方式分有手持便携式、固定式；以扫描方式分有接触式手动扫描和非接触式自动扫描等。目前，不论是哪一种条形码阅读器均有极高的分辨率和首次读出率，确保了其实用性。

（3）多种用途的电子收款机。电子收款机已从第一代单纯用于收款的收银机发展到第二代可以与电子计算机联网组成POS系统的ECR（Electronic Cashier Register）电子收款机，目前第三代带有计算机PC基准的收款机也已投入使用。各类电子收款机的性能日趋完备，功能也日益完善。

4. 条形码应用领域扩大

在商品流通领域，条形码已得到广泛应用。销售点信息管理系统POS为商业企业带来了巨大的经济效益，在北美、欧洲、日本等地使用POS系统的商店目前已达95%。另外，条形码的应用也扩展到工业、交通运输业、邮电、电子数据交换、仓储运输、医疗卫生、图书文献、各类票证等领域。

二、条形码技术涉及的内容

条形码技术是电子与信息科学相结合的高新技术,所涉及的技术领域较广,是多项现代技术相结合的产物。

条形码技术所研究的主要对象是:如何将计算机需要处理的数据用条形码表示;如何实现自动识别,即把条形码所表示的数据转换为计算机可以自动采集、录入的数据;应用领域里的实用技术。

条形码技术经过长期的研究和应用实践,现已发展成为较成熟的实用技术。因而,条形码技术及其应用所涉及的具体内容包括如下四个方面:

(一)条形码编码规则及标准

任何一种条形码,都是按照预先规定的编码规则和条形码有关标准,由条和空组合而成的。

编码规则主要研究包括条形码基本术语在内的一些基本概念、条形码符号结构以及编码基本原理。编码规则既是有关条形码的入门知识,又是条形码技术的基本内容,也是制定码制标准和对条形码符号进行识别的主要依据。每种条形码的码制是由它的起始位和终止位的不同编码方式所决定的。条形码阅读器要解译条形码符号,首先需判断此符号的码制,才能正确译码。

所谓条形码标准,主要包括条形码符号标准、使用标准和印刷质量标准。这类标准由各国的专门编码机构负责制定,也有地区性的标准和行业标准。

通用的条形码编码规则与标准在国际上是统一的。为了便于物品跨国家和地区的流通,适应物品现代化管理的需要,以及增强条形码自动识别系统的相容性,各个国家、地区和行业,都必须制定统一的条形码标准。

(二)条形码印刷技术

根据条形码的编码规则和条形码标准,就可以把所需要的数据用条形码来表示,即把它印刷出来,这就涉及印制技术。在条形码符号中条和空的宽度是包含着信息的,因此在条形码符号的印刷过程中,对诸如宽度公差、反射率、对比度、条空边缘粗糙度以及印刷条形码符号的载体等均有严格的要求，所以，必须按照印刷标准，选择适当的印制技术和设备，以保证印制出符合规范的条形码。条形码印刷技术是条形码技术的主要组成部分，因为条形码符号的印制质量直接影响识别效果和整个系统的性能。

条形码印制技术所研究的主要内容是制片技术、印制技术，以及研制各类专用打码机、印刷系统的技术和设备等。根据不同的需要，印制设备大体可分为3种：

1. 适用于大批量印制条形码符号的设备；
2. 适合于小批量印制的专用机；
3. 灵活方便的现场专用打码机。

其中既有传统的印刷技术，又有现代制片、制版技术和激光、电磁、热敏等技术。

（三）条形码自动识别设备

自动识别的最终目的是把条形码符号代表的信息转换为计算机可读的数据。自动识别的过程包括光学扫描、光电转换、自动译码、计算机之间的数据通信及计算机进行的数据处理。这里主要涉及光电转换技术、译码技术、通信技术以及计算机技术。所涉及的设备有条形码扫描器、译码器、计算机硬件和相关的软件、打印设备及显示设备。在商品流通领域中还涉及电子收银机、盘点机、打码机、电子秤等设备。

（四）条形码自动识别系统

如今，条形码技术已广泛应用于商品流通与销售、工业自动化控制以及办公室自动化等许多领域。为这些应用领域研制各种自动识别系统是条形码技术所研究的主要内容。

各种条形码设备的有机组合组成了条形码的自动识别系统。一般由扫描器、译码器、计算机、打印设备及显示器等组成。

在各种条形码自动识别系统中，销售点信息管理系统POS是典型的条形码自动识别应用系统。

三、条形码的管理体制

（一）条形码的国际管理组织

1. 国际物品编码协会 EAN

美国和加拿大于 1975 年在超市成功使用了 UPC 系统。1977 年，欧洲共同体开发出与 UPC 系统兼容的欧洲物品编码系统（European Article Numbering System，EAN），简称 EAN 系统，并签署了欧洲物品编码协议备忘录，正式成立了欧洲物品编码协会（European Article Numbering Association），简称 EAN。1981 年，随着协会成员的不断增加，EAN 组织已发展成为一个国际性组织，改称为"国际物品编码协会"（International Article Numbering Association），简称 EAN International。

EAN 是一个国际性的标准化组织，发展非常快，到 20 世纪 80 年代中后期已经实现了 EAN 系统的全面推广应用，因而 EAN 条形码成为了国际物品通用代码。到 2002 年底，EAN 已拥有遍及六大洲 130 个会员的组织，该组织以提高供应链效率，提供全球跨行业的标识和通信标准为己任，开发和协调全球性的物品标识系统，促进国际贸易和发展，并不以盈利为目的。EAN 开发和维护包括标识体系、符号体系，以及电子数据交换标准在内的 EAN·UCC 系统。为实现快速、有效的自动识别、采集、处理和交换信息提供了保障，为各国商品进入超市提供了先决条件，促进了国际贸易。EAN 系统正广泛应用于工业生产、运输、仓储、图书、票汇等领域。

2. 美国统一代码委员会（UCC）

美国统一代码委员会（Uniform Code Council UCC）创建于 1972 年。到 2002 年底已拥有系统成员 36 万家。UCC 与 EAN 一样，也是一个国际标准化组织，是一个负责开发和维护北美地区包括产品标识标准在内的标准化组织，推广 UPC 商品条形码是它的一项业务。2002 年 11 月，UCC 加入了 EAN，成为 EAN 大家庭的一个成员。

（二）中国物品编码中心及分中心

条形码管理的工作技术性强，涉及面广，涉外事宜较多，所以对条形码的管理要求较高，一般由国家统一管理，并与世界组织接轨。我国的条形码管理体制分为两级，即中国物品编码中心和在各省市的分中心。

中国物品编码中心经国务院批准，于 1988 年 12 月 28 日在北京正式成立，并于 1991 年 4 月 19 日代表我国加入国际物品编码协会 EAN，是国际物品编码协会的正式成员。根据国务院授权，中国物品编码中心负责研究、推广应用国际通用的物品编码系统，统一组织、协调和管理我国的条形码工作。中国物品编码中心是全国性的商品条形码工作机构，在国家质量监督与检验检疫总局领导下，履行的主要职责是：

1. 贯彻执行商品条形码工作的方针、政策、法规和标准；

2. 统一组织、协调、管理全国商品条形码工作；

3. 负责初审编码中心地方分支机构的设立；

4. 负责审批商品条形码注册、变更、续展和注销；

5. 负责全国范围内商品条形码技术培训，提供商品条形码技术咨询与服务；

6. 履行国际物品编码协会会员职责，开展相关的国际交流与合作。

中国物品编码中心地方分支机构接受所在地的省、自治区、直辖市人民政府质量技术监督行政部门的领导，其业务工作接受编码中心的指导、检查和考核。中国物品编码中心统一审批商品条形码的注册、变更、续展和注销，统一向系统成员发放证书。

中国物品编码中心作为国际物品编码协会（EAN）会员，对口联系 EAN 和国际上其他物品编码机构。其需要遵守国际物品编码协会的章程；执行国际物品编码协会的条形码技术规范和工作规范；参加国际物品编码协会的活动；向国际物品编码协会上报年度工作计划及总结，交纳会费；与相关国际编码组织开展商品条形码技术、EDI 技术、供应链技术、二维码技术交流与合作；负责在我国开发、维护、推广以商品条形码为基础的全球统一标识系统，即 EAN·UCC 系统。

（三）我国条形码技术国家标准

我国的条形码技术国家标准由中国物品编码中心颁发，截至 1991 年底已经正式颁发了下述 5 个条形码标准，具体如下：

1. 通用商品条形码 GB12904-91

该标准规定了我国通用商品采用条形码所应遵循的统一规范，包括下列内容。

（1）主要内容与适用范围；

（2）本标准所引用的标准；

（3）本标准所用的统一术语；

（4）通用商品条形码的结构；

（5）条形码符号的构成；

（6）条形码的二进制表示法；

（7）条形码的各项尺寸；

（8）条形码的质量保证与光学特性；

（9）条形码印刷载体材料与印刷厚度。

同时，本标准还在附录中补充了条形码中校验码的计算方法。

2. 条形码系统通用术语，条形码符号术语 GB12905-91

该标准规定了通用的条形码符号术语与解释，对条形码的基础术语、条形码的类型术语作了标准解释。

3. 中国标准书号（ISBN 部分）条形码 GB12906-91

该标准对中国标准书号（ISBN 部分）的条形码结构、尺寸及 PCS 值、条形码印刷位置等作了规定，适用于在中国出版的图书。

4. 库德巴条形码 GB/T12907-91

该标准对库德巴条形码的适用范围、条形码结构、技术要求、原版胶片技术指标、质量标准等作了规定。库德巴条形码在我国适用于医疗卫生、图书信息及物流领域。

5. 39 条形码 GB/T12908-91

该标准对 39 条形码的适用范围、条形码结构、技术要求、原版胶片技术指标、质量标准等作了规定，在附件对校验码的计算作了规定。39 条形码适用于运输、仓储、生产线、图书信息、医疗卫生等领域。

（四）企业申请商品条形码的方法和程序

根据中国物品编码中心关于企业申请使用条形码的规定，申请企业需要具备的条件、必须履行的义务和必须遵循的申请程序如下：

1. 申请中国商品条形码系统成员的资格条件

（1）凡在我国依法取得法人资格的企业、事业单位，以及具有营业执照的私营企业、个体工商户，均可申请注册中国商品条形码厂商识别代码（以下简称厂商识别代码）。

（2）在商品上使用注册商标的企业，申请注册中国商品条形码厂商识别代码，原则上应拥有商标注册权。合法使用他人注册商标的单位，只有在不违背商品编码唯一性的前提下，方能申请注册中国商品条形码厂商识别代码。

2. 申请中国商品条形码系统成员企业的义务

（1）一个厂商识别代码只给一个企业使用，企业不得转让或与其他企业共用自己的厂商识别代码。

（2）为保证商品条形码的唯一性，企业应将其厂商识别代码只用于本企业生产、经营的商品上，但为他人加工或使用他人注册商标的商品，原则上应使用商标注册者为该种商品编制的商品条形码。

（3）企业使用商品条形码应遵循国家标准，以保证商品流通各环节能够准确识别商品信息。

（4）企业应该按规定交纳有关费用。

（5）企业应该按规定参加复审。

3. 企业注册申请使用条形码的程序

（1）企业向中国物品编码中心（以下简称"中心"）或其分支机构索取中国商品条形码厂商识别代码注册申请书，并按规定填写完整。

（2）企业应提供企业法人营业执照（未取得法人资格的私营企业或个体工商户应提供营业执照）复印件及商标注册证明（如商品上不使用注册商标，企业应出具证明），并与厂商识别代码注册申请书一起送交中心或其分支机构。

（3）企业应按照财政部和国家物价局规定的收费标准交纳有关费用。

（4）申请注册完毕，中国物品编码中心将厂商识别代码以书面形式通知企业，并向企业颁发《中国商品条形码系统成员证书》。

（5）中国物品编码中心将对企业及其注册的厂商识别代码予以公告。

4. 企业厂商识别代码的维护

（1）企业如与他人合资、合并，其新企业应单独办理厂商代码注册申请手续。

（2）厂商识别代码有效期为两年，期满后应进行复审。

四、我国条形码技术的应用和发展

我国条形码自动识别技术约有二十多年的发展历史，最初主要应用于零售业和仓储物流，随着自动识别领域相关的载体技术、采集设备制造技术、软件服务系统技术、配套技术的引进及快速发展，我国的条形码自动识别技术不断进步，产品市场也不断壮大起来。目前，条形码自动识别行业已成为推动国民经济信息化发展的重要技术手段之一，在经济和信息全球化的今天，其发展及技术应用的推广对我国信息化建设的发展具有举足轻重的作用。

与之相应的，在我国信息化建设快速发展的带动下，一批国内企业通过自主研发，逐步掌握了条形码自动识别领域的核心技术，成功研发了具有自主品牌的条形码自动识读产品，并且产品性能和质量达到了国际水准，在实现进口替代的同时，开始登上国际舞台。

根据 VDC 的调查统计，2013 年亚太地区条形码识读设备的市场规模达到 3.95 亿美元，2018 年达到 5.46 亿美元，2013—2018 年的年均复合增长率为 6.69%，高于全球平均水平。我国近年来受益于批发零售业、制造业、物流和交通等行业信息化建设的加速发展，条形码识读设备市场规模实现了快速增长，已成为亚太地区最大的条形码识读设备市场。

我国条形码技术的应用层次渐趋丰富。目前，条形码应用大致分为三个阶段：第一阶段是自动结算；第二阶段是应用于企业的内部管理；第三阶段是电子商务、物联网和全球数据同步。

我国近年来在条形码技术的应用领域发展迅速，尤其是物联网层级的信息化、智能化应用逐渐提升，整体的应用层级处于第二阶段向第三阶段过渡阶段。因此，我国条形码识别产业发展空间巨大。

我国条形码技术产品的发展方向

1. 影像扫描设备将逐步取代激光扫描设备

基于激光扫描技术的条形码技术将逐渐被基于影像扫描技术的识读设备所替代。但是这一替代过程需要一定时间，受数字图像处理技术发展速度和影像扫描设备成本走势的影响，在不同应用领域的替代速度会有所差异。因此，在未来一段时间内，基于影像扫描技术的条形码技术识读设备市场需求将呈持续上升的趋势，而激光扫描设备的市场需求仍会存在，但增长速度将逐步趋于平稳。

2. 条形码技术将与其他自动识别技术相互融合

未来条形码识别技术可能与 RFID 等其他自动识别技术相互集成、融合，在实现各种自动识别技术优势互补的同时，进一步实现信息的高效传递。同时，在手持式扫描设备领域，专业条形码识读设备与具备条形码识读功能移动终端之间的界限将越来越模糊，尤其是在扫描频率较低的领域。根据 VDC 预测，未来专业的条形码设备制造企业也将推出越来越接近终端消费者的识读设备。

3. 亚太市场将成为条形码技术的前沿

根据 VDC 的统计和预测，包括中国在内的亚太新兴市场将成为未来条形码设备及相关技术研发、生产和应用的最前沿，尤其是在手持式条形码识读设备和固定式工业扫描识读设备。一方面，亚太地区将成为未来条形码识读设备增长较快的市场，另一方面，条形码设备的研发、生产将从欧美发达地区向亚太地区迁移，而亚太地区本地条形码设备供应商将崛起，成为主要的市场竞争者。

4. 长期来看物联网将成为推动条形码设备发展的主要动力

随着我国经济发展模式的转变，如何对传统产业进行改造和升级，已成为我国未来产业规划所需要解决的首要问题。而物联网的实质就是将 IT 技术充分利用在各行各业，其大规模应用将有效促进工业化和信息化"两化融合"，促进传统产业的转型升级，因此对我国未来的经济发展具有重要的意义。我国政府部门先后出台了多项政策，从顶层设计的层次大力推动物联网产业的发展。

近年来，随着移动互联网、云计算、大数据技术的逐渐成熟，物联网理念和相关技术产品已经广泛渗透到社会经济的各个领域，以物联网融合创新为特征的新型网络化智能生产方式正逐步塑造出我国未来制造业的核心竞争力，推动形成新的产业组织方式、新的企业与用户关系、新的服务模式和新业态。

而条形码识读设备属于物联网架构中感知层，是实现对物理世界的智能感知识别、信息采集处理和自动控制的重要手段，也是物联网产业发展的基础。未来，随着物联网概念及相关产业的不断发展，对条形码识读设备的投资建设需求也在不断增加。因此，长期来看，条形码识别产业将直接受益于物联网所带动的投资增长。

五、我国条形码技术发展的美好未来

小型化和微型化是条形码技术产品今后发展的重要方向。其关键在于尽快研制出国产化大规模集成电路专用译码芯片、电荷耦合器件图像传感器（CCD 器件）、专用激光器件、便携式数据采集器专用电池等。关键器件的国产化不仅关系到我国发展和推行条形码技术的进程，而且影响到这种新技术开拓、占领国际市场的进程。目前能生产这类器件的国家为数不多，我国应该抓紧有利时机，使这一高新技术尽快产业化，并注意形成配套生产，完全有可能使它成为国内具有成长性的新兴产业。

在条形码阅读设备的开发方面，无线数据采集器是今后的发展趋势，扫描器的重点是图像式和激光式扫描器等。这几种扫描器应用领域广，操作方便，有利于在起步阶段推广普及。国外 POS 系统开始大多采用 CCD 式扫描器，主要是由于这种扫描器使用方便，只要在景深范围内就可采集到性能可靠的数据，而且阅读精度高。近年来，180 度、360 度全向激光扫描器越来越多的应用到 POS 系统中，由于对扫描角度要求不高，因而适应性很强，各种扫描器的首读率一般均达到 95% 以上。

随着条形码技术的推广应用，在已经开发的多功能译码器基础上，要大力开发各种在线式专用译码器。由于它可与各种专用设备配套使用，因而结构简单，成本低，适于专门场合使用。虽然便携式数据采集器的技术难度较大，但它代表了今后的产品发展方向，我们要解决高集成度的专用芯片的生产工艺以及专用的供电电池问题。在工业生产和仓库管理中，为了适应自动流水生产线上的数据自动采集，还需要研制出有较大景深和扫描工作距离的固定式扫描器。

条形码技术与其他技术的相互渗透、相互促进，将改变传统产品的结构和性能。条形码识读器的可识别和可编程功能，可以用于许多场合。它通过扫描条形码编程菜单中相应的指令，使自身可设置成许多特定的工作状态，因而可广泛应用于电子仪器、机电设备以及家用电器。

在印刷技术设备的研制方面，国内已开发出中英文轻型印刷系统，适合大批量印制的设备也已研制成功。因此，今后应重点发展适合小批量印制的包括现场专用打码机在内的各种专用印制机，以满足广大用户的需要。

第二节
条形码的基础知识

一、条形码的基本术语和符号结构

（一）条形码的基本术语

根据中华人民共和国国家标准 GB/T 12905-2000《条形码术语》，在条形码技术和应用中经常用到下列术语。

空白区/静区（clear area）：条形码起始符、终止符两端外侧与空的反射率相同的无任何符号及信息限定区域，提示条形码阅读器准备扫描。

条形码（bar code）：由静区和一组规则排列的条、空及其对应字符组成的标记，用以表示一定的信息。

条形码系统（bar code system）：由条形码符号设计、制作及扫描识读组成的自动识别系统。

条（bar）：条形码中反射率较低的部分。

空（space）：条形码中反射率较高的部分。

保护框（bearer bar）：围绕条形码且与条反射率相同的边或框。

起始符（start character；start cipher；start code）：位于条形码起始位置的若干条与空。

终止符（stop character；stop cipher；stop code）：位于条形码终止位置的若干条与空。

中间分隔符（central seperating character）：位于条形码中间位置用来分隔数据段的若干条与空。

条形码字符（bar code character）：表示一个字符的若干空与条。

条形码校验符（bar code check character）：表示校验码的条形码字符。

条形码数据符（bar code data character）：表示特定信息的条形码字符。

条形码填充符（bar code filler character）：不表示特定信息的条形码字符。

条高（bar height）：垂直于单元宽度方向的条的高度尺寸。

条宽（bar width）：条形码字符中的条的宽度尺寸。

空宽（space width）：条形码字符中空的宽度尺寸。

条宽比（bar width ratio）：条形码中最宽条与最窄条的宽度比。

空宽比（space width ratio）：条形码中最宽空与最窄空的宽度比。

条形码长度（bar code length）：从条形码起始符前线到终止符后缘的长度。

特征比（aspect ratio）：条形码长度与条高的比。

条形码密度（bar code density）：单位长度的条形码所表示的条形码字符的个数。

模块（module）：模块组配编码法组成条形码字符的基本单位。

条形码字符间隔（inter-character gap）：条形码中位于相邻条形码字符间不表示特定信息且与空的反射率相同。

单元（element）：构成条形码字符的条或空。

连续型条形码（continuous bar code）：没有条形码字符间隔的条形码。

非连续型条形码（discrete bar code）：有条形码字符间隔的条形码。

双向条形码（bi-directional bar code）：左右两端均可作为扫描起点的条形码。

附加条形码（add-on）：表示附加信息的条形码。

自校验条形码（self-checking bar code）：条形码字符本身具有校验功能的条形码。

定长条形码（fixed length bar code）：条形码字符个数固定的条形码。

非定长条形码（unfixed length bar code）：条形码字符个数不固定的条形码。

条形码字符集（bar code character set）：某种条形码规则中给定的可标识的数据范围，一般有纯数字集、数字加字母集和数字加字母及符号集等。

供人识别字符（human readable character）：位于条形码符的下方，与相应的条形码字符相对应的、用于供人识别的字符。

条形码符号长度：一个条形码符号的实际总宽度。

条形码逻辑值：条形码元素表示的逻辑值，用二进制数表示。

对比度（PCS）：条形码符号中条的反射率 R_L 与空的反射率 R_D 的关系。可用公式表示，即 PCS=（R_D-R_L）/R_D×100%。

（二）条形码的基本概念

在实际应用中，用户应该了解下面几个与条形码相关的基本概念：

1. 条形码码制。实际应用的条形码有许多种类，条形码的码制是指条形码符号的类型，每种类型的条形码符号都是由符合特定编码规则的条和空组合而成。每种码制都具有固定的编码容量和所规定的条形码字符集。条形码字符中字符总数不能大于该种码制的编码容量。例如常用的一维条形码的码制包括 EAN 条形码、39 条形码、交叉 25 条形码、UPC 条形码、128 条形码、93 条形码及库德巴条形码等。

2. 条形码字符集。条形码字符集是指某种码制所表示的全部字符的集合。有些码制仅能表示 0～9 这 10 个数字字符，如 EAN·UPC 条形码、25 条形码。有些码制除了能表示 10 个数字字符以外，还可以表示几个特殊字符，如库德巴码。39 条形码不仅可以表示数字字符 0～9，26 个英文字母 A～Z，还可以表示一些特殊字符。

3. 连续性与非连续性。条形码符号的连续性是指每个条形码字符之间不存在间隔；非连续性是指每个条形码字符之间存在间隔。从某种意义上讲，由于连续性条形码不存在条形码字符间隔，即密度相对较高，而非连续性条形码的密度相对较低。但非连续性条形码字符间隔误差较大，一般规范不给出具体指标限制。而连续性条形码除了控制尺寸误差外，还需控制相邻条与条、空与空的相同边缘间的尺寸误差及每一条形码字符的尺寸误差。

4. 定长条形码与非定长条形码。定长条形码是指仅能表示固定字符个数的条形码，非定长条形码是指能表示可变字符个数的条形码。例如 EAN·UPC 条形码是定长条形码，标准版的 UPC 条形码仅能表示 12 个字符，而 39 条形码属于非定长条形码。定长条形码由于限制了所表示字符的个数，所以密码的无视率相对较低，因为就一个完整的条形码符号而言，任何信息的丢失总会导致密码的失败。非定长条形码具有灵活、方便等优点，但受扫描器及印刷面积的限制，它不能表示任意多个字符，并且在扫描阅读过程中可能因信息丢失而出现错误密码。这些缺点在某些码制（如交叉 25 条形码）中出现的概率相对较大，可通过增强识读器或计算机系统的校验程度而克服。

5. 条形码的双向可读性。条形码符号的双向可读性是指从条形码左、右两侧开始扫描都可被识别。绝大多数码制都可双向识读，所以都具有双向可读性。事实上，双向可读性不仅仅是条形码符号本身的特性，也是条形码符号和扫描设备的综合特性。双向可读的条形码在被识读过程中需要译码器判别扫描方向。有些类型的条形码符号如 39 条形码、交叉 25 条形码和库德巴条形码，其扫描方向的判定是通过起始符与终止符来完成的；有些类型的条形码如 EAN 和 UPC 条形码，由于从两个方向扫描，起始符和终止符所产生的数字脉冲信号完全相同，所以无法用这种方法判别扫描方向，在这种情况下，扫描方向的判别是通过条形码数据符的特定组合来完成的。某些非连续性条形码符号，如 39 条形码，由于其字符集中存在着条形码字符的对称性（例如字符"*"与"P"，"M"与"一"等），在条形码字符间隔较大时，很可能出现因信息丢失而引起的译码错误。

6. 条形码的自校验特性。条形码符号的自校验特性是指条形码字符本身所具有的校验特性。若在一维条形码符号中，一个印刷缺陷（例如，因出现污点把一个窄条错认为宽条，而相邻宽空错认为窄空）不会导致替代错误，那么这种条形码就具有自校验功能。例如 39 条形码、库德巴条形码、交叉 25 条形码都具有自校验功能而 EAN 和 UPC 条形码、93 条形码等都没有自校验功能。自校验功能也能校验出一个印刷缺陷。对大于一个的印刷缺陷，任何自校验功能的条形码都不可能完全校验出来。条形码的码制，是否具有自校验功能是由其编码结构决定的。码制设置者在设置条形码符号时，均须考虑自校验功能。

（三）条形码符号的结构

一个完整的条形码符号由两侧静区、起始字符、数据字符、校验字符和终止字符组成，其排列方式如下：

静区	起始字符	数据字符	校验字符	终止字符	静区

其中，起始字符指条形码符号的第一位字符，标志一个条形码符号的开始，阅读器确认此字符存在后开始处理扫描脉冲；

数据字符指位于起始字符后面的字符，标志一个条形码符号的值，其结构异于起始字符，可允许进行双向扫描；

校验字符指代表一种算术运算的结果，阅读器在对条形码进行解码时，对读入的各字符进行规定的运算，如果运算结果与校验字符相同，则判定此次阅读有效，否则不予读入；

终止符指条形码符号的最后一位字符，标志一个条形码符号的结束，阅读器确认此字符后停止处理。

二、条形码的编码方法和分类

（一）条形码的分类

条形码按照不同的分类方法、不同的编码规则可以分成许多种，现在已知的正在使用的条形码就有250多种。条形码的分类方法有许多种，主要依据条形码的编码结构和条形码的性质来决定。例如，按条形码的长度来分，可分为定长和非定长条形码；按排列方式分，可分为连续性和非连续性；从校验方式分，又分为自校验和非自校验条形码等。

条形码可分为一维条形码和二维条形码。一维条形码是通常我们所说的传统条形码。一维条形码由于应用的对象和需要不同，种类很多。目前国际上广泛使用的一维条形码有 UPC 条形码、EAN 条形码、39 条形码、25 条形码、交叉 25 条形码、93 条形码、库德巴条形码、128 条形码等。

其中 EAN 条形码是国际物品编码协会（EAN）推行的一种商品条形码，

广泛用于商品流通领域。二维条形码根据构成原理、结构形状的差异，可分为两大类型，一类是行排式二维条形码（2D stacked bar code），一类是矩阵式二维条形码（2D Matrix bar code）。

（二）条形码的编码理论概述

表示数字及字符的条形码符号是按照编码规则组合排列的，故当各种码制的条形码编码规则一旦确定，我们就可将数字码转换成条形码符号。

条形码是一种信息代码，通常是一种用黑白条纹表示信息的特殊代码。为使信息便于管理和使用，应对信息进行分类。而为了描述分类结果，并易于为计算机和人识别与处理，最简便有效的方法莫过于用代码对信息编码。显然，反映信息的条形码也应该遵循信息的分类编码原则。了解这些信息的分类方法和编码的代码选择，将有助于我们了解和研究条形码的编制原理，以及物品条形码的具体编制方法。

1. 编码方法

条形码利用条纹和间隔或宽窄条纹（间隔）构成二进制的"0"和"1"，并以它们的组合来表示某个数字或字符，反映某种信息。但不同码制的条形码在编码方式上却有所不同。

（1）宽度调节法

按这种方式编码详见以下两种，是以窄元素（条纹或间隔）表示逻辑值"0"，宽元素（条纹或间隔）表示逻辑值"1"。宽元素通常是窄元素的2~3倍。两个相邻的二进制数位，由条纹到间隔或由间隔到条纹，均存在着明显的印刷界限。39条形码、库德巴条形码及常用的25条形码、交叉25条形码均属宽度调节型条形码。下面以25条形码为例，简要介绍宽度调节型条形码的编码方法。

25条形码是一种只有条表示信息的非连续型条形码。条形码字符由规则排列的5个条构成，其中有2个宽单元，其余是窄单元。宽单元一般是窄单元的3倍，宽单元表示二进制的"1"，窄单元表示二进制的"0"。图2-2是25条形码字符集中代码"1"的字符结构。

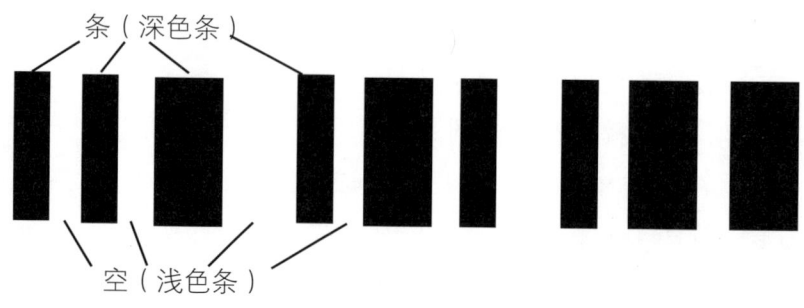

图2-2　25条形码字符集中代码"1"的字符结构

（2）模块组合法

模块组合法是指条形码符号中，条与空由标准宽度的模块组合而成。一个标准宽度的条模块表示二进制的"1"，而一个标准宽度的空模块表示二进制的"0"。

EAN条形码、UPC条形码均属模块式组合型条形码。商品条形码模块的标准宽度是0.33mm，它的一个字符由2个条和2个空构成，每一个条或空由1～4个标准宽度模块组成。凡是字符间用间隔（位空）分开的条形码，称为离散码。凡是字符间不存在间隔（位空）的条形码，称为连续码。模块组合法条形码字符的构成如图2-3所示。

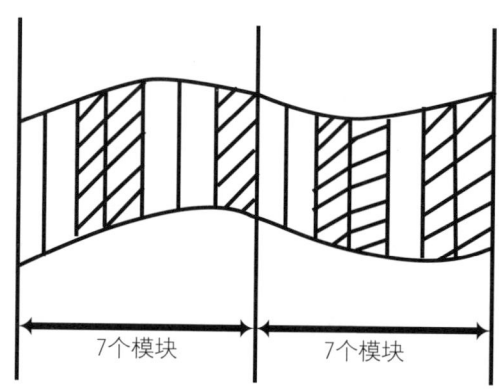

图2-3　模块组合法条形码字符的构成

2. 编码容量

每个码制都有一定的编码容量，这是由其编码方法决定的。编码容量限制了条形码字符集中所能包含的字符个数的最大值。

用宽度调节法编码，仅有两种宽度单元的条形码符号，即编码容量为：$C(n, k)$。这里 $C(n, k) = n(n-1)\cdots(n-k+1)/k!$ 的阶乘。其中 n 是每一条形码字符中所包含的单元总数，k 是宽单元或窄单元的数量。

例如：39条形码，它的每个条形码字符由9个单元组成，其中3个是宽单元，其余是窄单元，那么，其编码容量为 $C(9,3)=9\times 8\times 7/(3\times 2\times 1)=84$

用模块组配的条形码符号，若每个条形码字符包含的模块是恒定的，其编码容量为 $C(n-1, 2k-1)$，其中 n 为每一条形码字符中包含模块的总数，k 是每一条形码字符中条或空的数量，k 应满足 $1 \leqslant k \leqslant 2$。

例如93条形码，它的每个条形码字符中包含9个模块，每个条形码字符中的条的数量为3个，其编码容量为 $C(8,5)=8\times 7\times 6\times 5\times 4/(5\times 4\times 3\times 2\times 1)=56$。

三、条形码识读基本原理

（一）条形码符号的光学特性

条形码符号是由宽窄不同，反射率不同的条、空按照一定的编码规则组合起来的一种信息符号。常见的条形码是黑条与白空（也叫白条）印制而成的。因为黑条对光的反射率最低，而白空对光的反射率最高。当光照射到条形码符号上时，黑条与白空产生较强的对比度。条形码扫描器正是利用黑条和白空对光的反射率的不同来读取条形码数据的。

条形码符号不一定必须是黑色和白色，也可以印制成其他颜色，但两种颜色对光必须有不同的反射率，并保证有足够的对比度。

（二）光电转换、信号放大及整形

扫描器接收到的光信号需要经光电转换器转换成电信号并通过放大电路进行放大。由于扫描光斑具有一定尺寸、条形码印刷时边缘模糊以及一些其他原因，经过电路放大的条形码电信号是一种平滑的起伏信号，并没有条形码符号那种亮暗条之间泾渭分明的特征，这种信号边缘常被称为条形码的"模拟电信号"，如图2-4所示条形码的扫描信号。这种信号还须经整形电路尽可能准确地将边缘恢复出来，变成通常所说的"数字信号"。

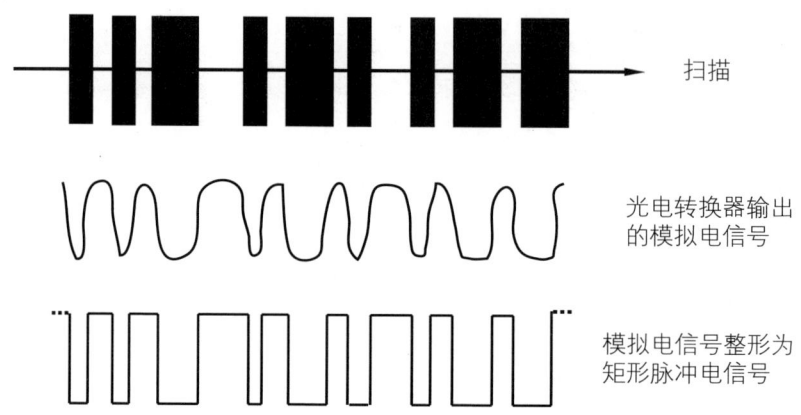

图2-4 条形码的扫描信号

各个条形码识读设备都有自己的条形码信号处理方法，随着条形码识读设备的发展，判断条形码符号条空边界的信号整形方法日趋科学、合理和准确。通常，信号整形是用硬件来完成的。在ISO15416条形码符号质量评价国际标准中，扫描反射率曲线分析法采用的确定条形码信号条空边界的方法是一种标准化的方法。它通过软件完成，用于评价条形码符号的尺寸，但它接近主流条形码识读器中信号整形电路的性能。通过了解此方法，可以大致确定条形码符号的条空边界。

第三节
商品条形码

一、商品条形码概述

商品条形码（bar code for commodity）是由国际物品编码协会（EAN）和统一代码委员会（UCC）规定的、用于表示商品标识代码的条形码，包括 EAN 商品条形码（EAN-13 商品条形码和 EAN-8 商品条形码）和 UPC 商品条形码（UPC-A 商品条形码和 UPC-E 商品条形码）。

条形码标识商品起源于美国，并形成一个独立的编码系统——UPC 系统，通用于北美地区。由于国际物品编码协会推出的国际通用编码系统——EAN 系统，在世界范围内得到迅速推广应用，UPC 系统的影响逐渐缩小。美国早期的商店扫描系统只能识读 UPC 条形码。为适应 EAN 条形码的蓬勃发展，北美地区大部分商店的扫描系统更新改造为能同时识读 UPC 条形码和 EAN 条形码的自动化系统。为适应市场需要，EAN 系统和 UPC 系统最终合并为一个全球统一的标识系统——EAN·UCC 系统。

商品条形码是 EAN·UCC 系统的核心组成部分，是 EAN·UCC 系统发展的根基，也是最早应用在商业上的条形码符号。

商品条形码主要用于商店内的 POS 系统。POS 系统，又称销售点管理系统，它是用现金收款机作为终端机与主计算机相连，并借助光电识读设备为计算机采集商品的销售信息。带有条形码符号的商品通过结算台被扫描，该商品的销售信息会立刻传入商店的计算机管理系统，该管理系统可以根据这些信息，实现订货、商品货架补充、结算、自动盘点等许多自动化管理。计算机自动查询到该商品的名称、价格等，并进行自动结算，提高了结算速度和结算的准确性，这是POS系统给商业带来的最显而易见的好处。

商品条形码具有以下共同的符号特征：

条形码符号的整体形状为矩形，由一系列互相平行的条和空组成，四周都留有空白区；

条和空分别由1~4个同一宽度或深或浅的模块组成，深色模块用"1"表示，浅色模块用"0"表示；

在条形码符号中，表示数字的每个条形码字符仅由两个条和两个空组成，共7个模块；

除了表示数字的条形码字符外，还有一些辅助条形码字符，用以表示起始、终止的分界符和平分条形码符号的中间分隔符；

条形码符号可设计成既可供固定式扫描器全向扫描又可用手持扫描设备识读的形式。

条形码符号的大小可在放大系数0.8~2.0所决定的尺寸之间变化，以适应各种印刷工艺印制合格条形码符号及用户对印刷面积的要求。

二、商品条形码的应用

（一）建立商店自动销售管理系统（POS）

通过商品条形码的应用，保证了商品标识的唯一性。而推广商品条形码，首先要实现商店管理的自动化。也就是说，要达到商品管理的数据化和实现对外作业的自动化。而在这个过程中，POS系统的建立是非常重要的。

通过建立POS系统，可以采集到大量的商品信息，使零售商和批发商及时了解商店的经营情况，减少库存，降低成本，提高效益。制造商则可以从POS系统中获得准确的商品及市场销售信息，及时调整生产结构，提高产品的竞争力。同时，POS系统为顾客提供了更加满意的服务。商品条形码在POS系统中起着"关键字"的作用，从而确保了后者在全球信息交换中的重要地位。

有些零售商认为，应该先普及商品条形码，然后建立商店的 POS 系统，而制造商则认为没有 POS 系统，在商品上印刷条形码标志毫无意义。其实商店建立 POS 系统与制造商在产品上普及条形码标志相辅相成、互相促进。建立 POS 系统的作用是承上启下，它不但可以促进商品条形码的普及，同时可以带动商业的电子数据交换（EDI）。

（二）实现商品信息的电子数据交换（EDI）

采集商品信息的最终目的是为了使用信息，并通过信息交换实现资源共享，从而提高信息的利用率，为科学决策服务。没有信息交换，条形码系统就无法产生应有的效益。条形码作为商品信息的载体，不仅为生产商、批发商和零售商建立了联系的纽带，更重要的是为电子信息交换提供了通用的"语言"。

很多人不了解商品条形码系统的真正内涵，误以为商品条形码只不过是商品的标识代码而已。其实，推广商品条形码的真正意义在于商业信息的电子数据交换（EDI），实现无纸张贸易。这样人们可以通过电子信息交换系统及时、准确地获得所需要的商业信息，提高生产和经营效率。

国际物品编码协会已组织几十个会员国，在联合国及国际标准化组织 ISO 规范指导下，根据联合国欧洲经济开发委员会的行政管理、商业和运输业电子数据交换规则（EDI-FACT），制定了电子通信标准（EANCOM）。

EANCOM 标准是最早采用的世界性的多行业电子数据交换标准。它的主要作用是为用户提供实际可行的国际或国内电子通信标准。这套标准主要包括用户信息、价格/销售目录、订单、发票、汇款等标准报文格式。

很多发达国家如英国、荷兰等，通过采用 EANCOM 标准建立了条形码商品信息交换系统。有些中等发达国家和发展中国家也在这方面开始了有益的尝试。条形码商品信息交换系统的出现，使工厂、商店和顾客可以通过计算机联网，借助于条形码，获得大量的商品信息，实现电子数据交换和资源共享。

由此说来，条形码不仅是一种产品的标识符号，它还能带动一场深刻的商业和信息领域的革命。

三、商品标识代码

商品标识代码（Identification code for commodity）是由国际物品编码协会（EAN）和统一代码委员会（UCC）规定的、用于标识商品的一组数字。

商品标识代码包括 EAN·UCC-13、EAN·UCC-8、UCC-12 三种代码结构。厂商应选择适宜的代码结构，遵循三项基本的编码原则，即唯一性原则、无含义性原则、稳定性原则编制商品标识代码，这样就能保证商品标识代码在全世界范围内是唯一的、通用的、标准的，就能作为全球贸易信息交换、资源共享的关键字和"全球通用的商业语言"。

（一）编码原则

1. 唯一性原则

唯一性原则是商品编码的基本原则，也是最重要的一项原则。在商业 POS 自动结算销售系统中，不同商品是靠不同的代码来识别的，假如把两种不同的商品用同一代码来标识，违反唯一性原则，会导致商品管理信息系统的混乱，甚至给销售商或消费者造成经济损失。

（1）同一商品项目的商品必须分配相同的商品标识代码。基本特征相同的商品视为同一商品项目，基本特征不同的商品视为不同的商品项目。

标准规定，商品的基本特征主要包括商品名称、商标、种类、规格、数量、包装类型等。但需要说明的是，不同行业的商品，其基本特征往往不尽相同，且不同的单个企业，还可根据自身的管理需求，设置不同的基本特征项。譬如，服装行业可以把服装的基本特征归纳为品种、款型、面料、颜色、规格等几项，而单个服装企业在确定究竟依据哪些基本特征项来为服装产品分配商品标识代码时，还可根据自身管理需求的特点，在此基础上增加附加特征项或做适当的修改，如增加"商标"为基本特征项，或只将品种、款型、面料作为基本属性，而不必考虑颜色、规格项。再比如，药品类商品的基本特征可基本归纳为商标、品种、规格、包装规格、剂型、生产标准等几项。

应特别注意，商品的基本特征项是划分商品所属类别的关键因素，往往对商品的定价起主导作用，因此它不同于为商品流通跟踪所设置的附加信息项，诸如净重、面积、体积、生产日期、批号、保质期等。这些附加信息项与商品相关联，必须与商品标识代码一起出现才有意义。EAN·UCC 规范规定，这些附加信息项通过应用标识符 AI（见 GB/T 16986-2003，EAN·UCC 系统条形码应用标识符）以及 UCC·EAN-128 条形码来表示。

（2）不同商品项目的商品必须分配不同的商品标识代码

商品的基本特征一旦确定，只要商品的一项基本特征发生变化，就必须分配一个不同的商品标识代码。例如，某个服装企业将商标、品种、款型、面料、颜色作为服装的五个基本特征项，那么，只要这五个基本特征项中的一项发生变化，就必须分配不同的商品标识代码来标识商品。

2. 无含义性原则

商品标识代码一旦分配，若商品的基本特征没有发生变化，就应保持不变。

一般情况下，当商品项目的基本特征发生了明显的、重大的变化，就必须分配一个新的商品标识代码。不过，在某些行业，比如医药保健业，只要产品的成分有变化，就必须分配不同的代码。总之，原则上要尽可能减少商品标识代码的变更，保持其稳定性，否则将导致很多不必要的繁重劳动，如打印并粘贴条形码标签、修改系统记录等。

如果不清楚产品的变化是否需要变更代码，可从以下几个角度考虑：

（1）产品的新变体是否取代原产品；

（2）产品的轻微变化对销售的影响是否明显；

（3）是否因促销活动而将产品做暂时性的变动；

（4）包装的总重量是否有变化。

（二）EAN·UCC-13 代码

EAN·UCC-13 代码由 13 位数字组成，在我国，EAN·UCC-13 代码分三种结构，每种结构由三部分组成，具体如下，见表 2-1：

表 2-1 EAN·UCC-13 代码的三种结构

结构种类	厂商识别代码	商品项目代码	校验码
结构一	$X_{13}X_{12}X_{11}X_{10}X_9X_8X_7$	$X_6X_5X_4X_3X_2$	X_1
结构二	$X_{13}X_{12}X_{11}X_{10}X_9X_8X_7X_6$	$X_5X_4X_3X_2$	X_1

续表

结构种类	厂商识别代码	商品项目代码	校验码
结构三	$X_{13}X_{12}X_{11}X_{10}X_9X_8X_7X_6X_5$	$X_4X_3X_2$	X_1

1. 前缀码

前缀码由 2~3 位数字（$X_{13}X_{12}$ 或 $X_{13}X_{12}X_{11}$）组成，是 EAN 分配给国家或地区编码组织1)的代码。前缀码由 EAN 统一分配和管理，截至 2002 年底，共有 99 个国家和地区编码组织加入 EAN，成为 EAN 的成员组织。EAN 分配给中国物品编码中心的前缀码由 3 位数字（$X_{13}X_{12}X_{11}$）组成。EAN 前缀码的分配表见表 2-2。

需要指出的是，前缀码并不代表产品的原产地，而只能说明分配和管理厂商识别代码的国家（或地区）编码组织。

表 2-2 EAN 已分配的前缀码（部分）

前缀码	编码组织所在国家（或地区）/应用领域	前缀码	编码组织所在国家（或地区）/应用领域
00 ~ 13	美国和加拿大	628	沙特阿拉伯
20 ~ 29	店内码	629	阿拉伯联合酋长国
30 ~ 37	法国	64	芬兰
380	保加利亚	690 ~ 695	中国大陆地区
383	斯洛文尼亚	70	挪威
385	克罗地亚	729	以色列
387	波黑	73	瑞典
40 ~ 44	德国	740	危地马拉
45、49	日本	741	萨尔瓦多
460 ~ 469	俄罗斯	742	洪都拉斯
471	中国台湾地区	743	尼加拉瓜
474	爱沙尼亚	744	哥斯达黎加
475	拉脱维亚	745	巴拿马
476	阿塞拜疆	746	多米尼加
477	立陶宛	750	墨西哥
478	乌兹别克斯坦	759	委内瑞拉
479	斯里兰卡	76	瑞士
480	菲律宾	770	哥伦比亚
481	白俄罗斯	773	乌拉圭
482	乌克兰	775	秘鲁

续表

前缀码	编码组织所在国家（或地区）/应用领域	前缀码	编码组织所在国家（或地区）/应用领域
484	摩尔多瓦	627	科威特
485	亚美尼亚	777	玻利维亚
486	格鲁吉亚	779	阿根廷
487	哈萨克斯坦	780	智利
489	中国香港特别行政区	784	巴拉圭
50	英国	786	厄瓜多尔
520	希腊	789~790	巴西
528	黎巴嫩	80~83	意大利
529	塞浦路斯	84	西班牙
531	马其顿	850	古巴
535	马耳他	858	斯洛伐克
539	爱尔兰	859	捷克
54	比利时和卢森堡	867	朝鲜
560	葡萄牙	869	土耳其
569	冰岛	87	荷兰
57	丹麦	880	韩国
590	波兰	885	泰国
594	罗马尼亚	888	新加坡
599	匈牙利	890	印度
600、601	南非	893	越南
608	巴林	899	印度尼西亚
609	毛里求斯	90、91	奥地利
611	摩洛哥	93	澳大利亚
613	阿尔及利亚	94	新西兰
616	肯尼亚	955	马来西亚
619	突尼斯	958	中国澳门特别行政区
621	叙利亚	977	连续出版物
622	埃及	978、979	图书
624	利比亚	980	应收票据
625	约旦	981、982	普通流通券
626	伊朗	99	优惠券

2. 厂商识别代码

厂商识别代码由 7~9 位数字组成,由中国物品编码中心负责分配和管理。

由于厂商识别代码是由中国物品编码中心统一分配、注册,因此编码中心有责任确保其在全球范围内的唯一性。

根据《商品条码管理办法》,具有企业法人营业执照或营业执照的厂商可以申请注册厂商识别代码,任何厂商不得盗用其他厂商的厂商识别代码,不得共享和转让,更不得伪造代码。

当厂商生产的商品品种很多,超过了"商品项目代码"的编码容量时,厂商可以申请注册一个以上的厂商识别代码。但只有在商品项目代码全部用完时,才可再次申请。

3. 商品项目代码

商品项目代码由 3~5 位数字组成,由厂商负责编制。

由于厂商识别代码是由中国物品编码中心统一分配、注册,因此,在使用同一厂商识别代码的前提下,厂商必须确保每个商品项目代码的唯一性。厂商在编制商品项目代码时,产品的基本特征不同,其商品项目代码不同,具体要求见"编码原则"。

由 3 位数字组成的商品项目代码有 000~999 共 1 000 个编码容量,可标识 1 000 种商品;同理,由 4 位数字组成的商品项目代码可标识 10 000 种商品,由 5 位数字组成的商品项目代码可标识 100 000 种商品。

4. 校验码

校验码为 1 位数字,用来校验 X_{13}~X_2 的编码正确性。校验码是根据 X_{13}~X_2 的数值按一定的数学算法计算而得。厂商在对商品项目编码时,不必计算校验码的值。该值由制作条形码原版胶片或直接打印条形码符号的设备自动生成。

校验码的计算步骤如下所示:

(1)包括校验码在内,由右至左编制代码位置序号(校验码的代码位置序号为 1);

(2)从代码位置序号 2 开始,所有偶数位的数字代码求和;

（3）将步骤 2 的和乘以 3；

（4）从代码位置序号 3 开始，所有奇数位的数字代码求和；

（5）将步骤 3 与步骤 4 的结果相加；

（6）用大于或等于步骤 5 所得且结果为 10 最小整数倍的数减去步骤 5 所得结果，其差即为所求校验码。

示例：代码 69012345678X1 校验码的计算见下表 2-3。

表 2-3 代码 69012345678X1 校验码的计算

步骤	举例说明													
1. 自右向左顺序编号	位置序号	13	12	11	10	9	8	7	6	5	4	3	2	1
	代码	6	9	0	1	2	3	4	5	6	7	8	9	X1
2. 从序号 2 开始求出偶数位上数字之和①	9+7+5+3+1+9=34　①													
3. ①×3= ②	34×3=102　②													
4. 从序号 3 开始求出奇数位上数字之和③	8+6+4+2+0+6=26　③													
5. ②+③	102+26=128　④													
6. 用大于或等于结果④且为 10 最小整数倍的数减去④，其差即为所求验证码的值	130-128=2 校验码 X1=2													

（三）EAN·UCC-8 代码

EAN·UCC-8 代码用于标识小型商品。它由 8 位数字组成，其结构如表 2-4 所示。

表 2-4 EAN·UCC-8 代码结构

商品项目识别代码	校验码
$X_8\ X_7\ X_6\ X_5\ X_4\ X_3\ X_2$	X_1

商品项目识别代码由 7 位数字组成，其中，$X_8\ X_7\ X_6$ 为前缀码。前缀码与校验码的含义同 EAN·UCC-13 代码。计算校验码时只需在 EAN·UCC-8 代码前添加 5 个"0"，然后按照 EAN·UCC-13 代码中的校验位计算即可。

商品项目识别代码由国家（或地区）编码组织统一分配、管理，在我国由中国物品编码中心负责分配和管理。凡需要使用 EAN·UCC-8 代码的厂商需向中国物品编码中心提供使用 EAN·UCC-8 代码的产品外包装或标签设计样张，编码中心将依据《商品条码管理办法》的相关规定，确认厂商可以使用 EAN-8 商品条形码标识产品后，由编码中心统一逐个分配。编码中心有责任确保该标识代码在全球范围内的唯一性，厂商不得自行分配。

从代码结构上可以看出，EAN·UCC-8 代码中用于标识商品项目的编码容量要远远少于 EAN·UCC-13 代码。以"690"打头的商品标识代码为例，就 EAN·UCC-8 代码来说，除校验位外，只剩下 4 位可用于商品的标码，即可标识 10 000 种商品项目，而以"690"打头的 EAN·UCC-13 代码，除厂商识别代码、校验位外，还剩 5 位可用于商品编码，即可标识 100 000 种商品项目。可见，EAN·UCC-8 代码用于商品编码容量很有限，应慎用。

（四）UCC-12 代码

UCC-12 代码可以用 UPC-A 商品条形码和 UPC-E 商品条形码的符号表示。

1. UPC-A 商品条形码的代码结构

首先需要指出的是，通常情况下，不选用 UPC 商品条形码。当产品出口到北美地区并且客户指定时，才申请使用 UPC 商品条形码。中国厂商如需申请 UPC 商品条形码，需经中国物品编码中心统一办理。

UPC-A 商品条形码所表示的 UCC-12 代码由 12 位（最左边加 0 可视为 13 位）数组成，其结构如下：

X_{12} X_{11} X_{10} X_9 X_8 X_7 X_6 X_5 X_4 X_3 X_2 X_1

厂商识别代码和商品项目代码 ←——→　　　　→ 校验码

（1）厂商识别代码

厂商识别代码是美国统一代码委员会 UCC 分配给厂商的代码，由左起 6~10 位数字组成。其中，X_{12} 位为系统字符，其应用规则如表 2-5 所示。

第二章 条形码技术与应用

表 2-5 厂商识别码

系统字符	应用范围
0，6，7	一般商品
2	商品变量单元
3	药品及医疗用品
4	零售商店内码
5	优惠券
1，8，9	保留

UCC 起初只分配 6 位定长的厂商识别代码，后来为了充分利用编码容量，于 2000 年开始，根据厂商对未来产品种类的预测，分配 6~10 位可变长度的厂商识别代码。以系统字符"2~5"打头的厂商识别代码用于特定领域的商品；"0""6""7"用于一般商品，通常为 6 位定长；目前，"8"打头的用于非定长的厂商识别代码的分配，其厂商识别代码位数如下：

80：6 位　　　84：7 位
81：8 位　　　85：9 位
82：6 位　　　86：10 位
83：8 位

（2）商品项目代码

商品项目代码由厂商编码，由 1~5 位数字组成。其编码方法同 EAN·UCC-13 代码。

（3）校验码

校验码为 1 位数字，计算方法同 EAN·UCC-13 代码。

2. UPC-E 商品条形码的代码结构

UPC-E 商品条形码所表示的 UCC-12 代码由 8 位数字（X_8~X_1）组成，是将系统字符为"0"的 UCC-12 代码进行消零压缩所得，消零压缩方法见表 2-6。其中，X_8~X_1 为商品项目代码；X_8 为系统字符，X_1 为校验码，校验码为消零压缩前 UPC-A 商品条形码的校验码。

表 2-6 UPC-A 商品条形码的代码转换为 UPC-E 商品条形码的代码压缩方法

UPC-A 商品条形码的代码			UPC-E 商品条形码的代码	
厂商识别代码		商品项目代码 $X_6 X_5 X_4 X_3 X_2$	校验码 X_1	商品项目代码	校验码
X_{12}（系统字符）	$X_{11} X_{10} X_9 X_8 X_7$				
	$X_{11} X_{10}$ 000 $X_{11} X_{10}$ 100 $X_{11} X_{10}$ 200	0 0 $X_4 X_3 X_2$		0 $X_{11} X_{10} X_4 X_3$ $X_2 X_9$	
	$X_{11} X_{10}$ 300 …… $X_{11} X_{10}$ 900	0 0 $X_3 X_2$	X_1	0 $X_{11} X_{10} X_9 X_3$ X_2 3	X_1
	$X_{11} X_{10}$ 10 …… $X_{11} X_{10}$ 90	0 0 0 X_2		0 $X_{11} X_{10} X_9 X_8$ X_2 4	
	无零结尾 （$X_7 \neq 0$）	0 0 0 0 5 …… 0 0 0 0 9		0 $X_{11} X_{10} X_9 X_8$ $X_7 X_2$	

以"0"开头的 UCC-12 压缩成 6 位的数字代码后，可以用 UPC-E 商品条形码表示。在实际应用处理时，必须由条形码识读软件或应用软件把压缩的 UCC-12 标识代码还原成全长度的代码。数据库中不储存 UPC-E 表示的 6 位数字代码。

示例：

假设编码系统字符为"0"，厂商识别代码为 012300，商品项目代码为 00064，将其表示成 UPC-E 形式。

由于厂商识别代码是以"300"结尾，首先取厂商识别代码的前三位数字"123"，然后跟商品项目代码的后两位数字"64"，再其后是"3"。按计算 UPC-A 校验字符的方法计算此例中的校验字符，其值为"2"。因此，UPC-E 的代码为 01236431。

（五）特殊情况下的编码

1. 产品变体的编码

"产品变体"是指制造商在产品使用期内对产品进行的任何变更。如果制造商决定产品的变体（如含不同的有效成分）与标准产品同时存在，那么就必须另分配一个单独且唯一的商品标识代码。

产品只做较小的改变或改进，不需要分配不同的商品标识代码。比如，标签图形进行重新设计，产品说明有小部分修改，但内容物不变或成分只有微小的变化。

当产品的变化影响到产品的重量、尺寸、包装类型、产品名称、商标或产品说明时，必须另行分配一个商品标识代码。

产品的包装说明有可能使用不同的语言，如果想通过商品标识代码加以区分，则一种说明语言对应一个商品标识代码。也可以用相同的商品标识代码对其进行标识，但这种情况下，制造商有责任将贴着不同语言标签的产品包装区分开来。

2. 组合包装的编码

如果商品是一个稳定的组合单元，其中每一部分都有其相应的商品标识代码。一旦任意一个组合单元的商品标识代码发生变化，或者组合单元的组合有所变化，都必须分配一个新的商品标识代码。

如果组合单元变化微小，其商品标识代码一般不变，但如果需要对商品实施有效地订货、营销或跟踪，那么，就必须对其进行分类标识，另行分配商品标识代码。例如，针对某一特定地理区域的促销品，某一特定时期的促销品，或用不同语言进行包装的促销品。

某一产品的新变体取代原产品，消费者已从变化中认为两者截然不同，这时就必须给新产品分配一个不同于原产品的商品标识代码。

3. 促销品的编码

此处所讲的"促销品"是商品的一种暂时性的变动，并且商品的外观有明显的改变。这种变化是由供应商决定的，商品的最终用户从中获益。通常促销变体和它的标准产品在市场中共同存在。

商品的促销变体如果影响产品的尺寸或重量，必须另行分配一个不同的、唯一的商品标识代码。例如，加量不加价的商品，或附赠品的包装形态。

包装上明显注明了减价的促销品，必须另行分配一个唯一的商品标识代码。例如，包装上有"省2.5元"的字样。

时令促销品要另行分配一个唯一的商品标识代码。例如，春节才有的糖果包装。其他的促销变体就不必另行分配商品标识代码。

四、商品条形码的符号表示

(一) EAN-13 商品条形码

1. EAN-13 商品条形码的结构

EAN-13 商品条形码是表示 13 位商品标识代码的条形码符号,由左侧空白区、起始符、左侧数据符、中间分隔符、右侧数据符、校验符、终止符、右侧空白区及供人识别字符组成,如图 2-5 所示。EAN-13 各组成部的模块宽如图 2-6 所示。

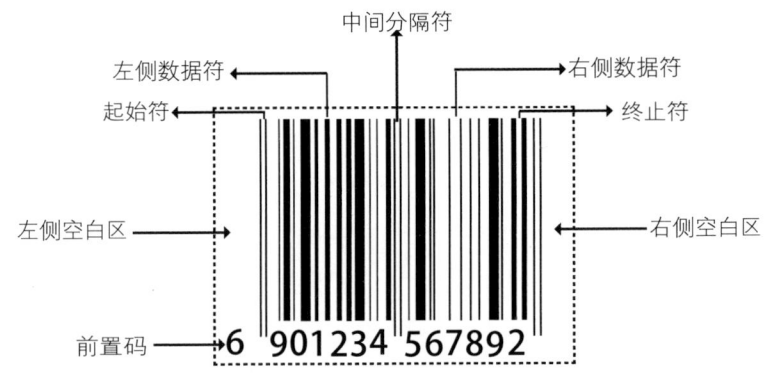

图 2-5　EAN-13 条形码符号结构

图 2-6　EAN-13 商品条形码符号结构示意图

左侧空白区是位于条形码符号最左侧的与空的反射率相同的区域,其最小宽度为 11 个模块宽;

起始符位于条形码符号左侧空白区的右侧,表示信息开始的特殊符号,由 3 个模块组成;

左侧数据符位于起始符右侧,表示 6 位数字信息的一组条形码字符,由 42 个模块组成;

中间分隔符位于左侧数据符的右侧，是平分条形码字符的特殊符号，由 5 个模块组成；

右侧数据符位于中间分隔符右侧，表示 5 位数字信息的一组条形码字符，由 35 个模块组成；

校验符位于右侧数据符的右侧，表示校验码的条形码字符，由 7 个模块组成；

终止符位于条形码符号校验符的右侧，表示信息结束的特殊符号，由 3 个模块组成；

右侧空白区位于条形码符号最右侧的与空的反射率相同的区域，其最小宽度为 7 个模块宽。为保护右侧空白区的宽度，可在条形码符号右下角加 ">" 符号，如图 2-7 所示。

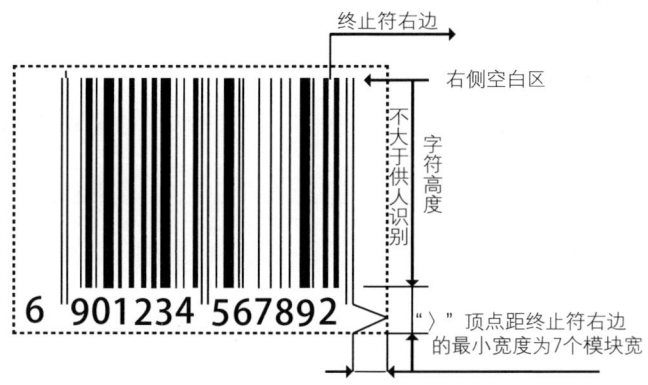

图2-7　EAN-13 商品条形码符号右侧空白区中 ">" 的位置

供人识别字符位于条形码符号的下方，是与条形码相对应的13位数字。供人识别字符优先选用 GB/T 12508 中规定的 OCR-B 字符集；字符顶部和条形码字符底部的最小距离为 0.5 个模块宽。EAN-13 商品条形码供人识别字符中的前置码印制在条形码符号起始符的左侧。

2.EAN-13 条形码字符集

每一条形码字符由 2 个条和 2 个空构成，每一条或空由 1~4 个模块组成，每一条形码字符的总模块数为 7。用二进制 "1" 表示条的模块，用二进制 "0" 表示空的模块，参见图 2-8。商品条形码可表示 10 个数字字符，即 0~9。条形码字符集的二进制表示见表 2-7 和图 2-9。

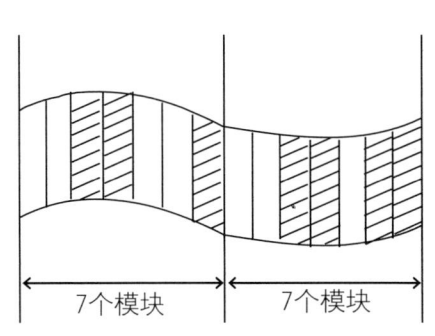

图2-8　条形码字符的构成

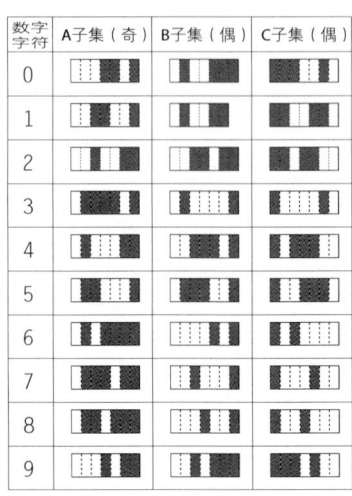

图2-9　商品条形码字符集示意图

表 2-7 商品条形码字符集的二进制表示

数字字符	A 子集	B 子集	C 子集
0	0001101	0100111	1110010
1	0011001	0110011	1100110
3	0111101	0100001	1000010
4	0100011	0011101	1011100
5	0110001	0111001	1001110
6	0101111	0000101	1010000
7	0111011	0010001	1000100
8	0110111	0001001	1001000
9	0001011	0010111	1110100

　　商品条形码起始符、终止符的二进制表示都为"101"，商品条形码中间分隔符的二进制表示为"01010"，如图2-10所示。

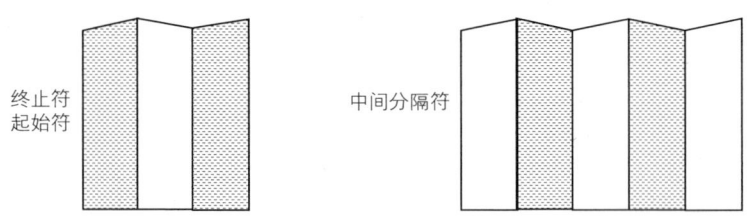

图2-10　商品条形码起始符、终止符、中间分隔符示意图

3.EAN-13 商品条形码数据符及校验符

EAN-13 商品条形码的前置码不用条形码字符表示，不包括在左侧数据符内。右侧数据符及校验符均用字符集中的 C 子集表示。选用 A 子集还是 B 子集表示左侧数据符取决于前置码的数值，如表 2-8 所示。

示例：确定 13 位数字代码 6901234567892 的左侧数据符的二进制表示。

第一步根据表 2-8 可查得前置码为"6"的左侧数据符所选用的字符集依次排列为 ABBBAA；

第二步根据表 2-8 可查得左侧数据符"901234"的二进制，如表 2-9 所示。

表 2-8 左侧数据符的字符集的选择规则

字符集符号 前置码数值	12	11	10	9	8	7
0	A	A	A	A	A	A
1	A	A	B	A	B	B
2	A	A	B	B	A	B
3	A	A	B	B	B	A
4	A	B	A	A	B	B
5	A	B	B	A	A	B
6	A	B	B	B	A	A
7	A	B	A	B	A	B
8	A	B	A	B	B	A
9	A	B	B	A	B	A

表 2-9 前置码为"6"的左侧数据符的二进制表示

左侧数据符	9	0	1	2	3	4
字符集	A	B	B	B	A	A
字符的二进制表示	0001011	0100111	0110011	0011011	0111101	0100011

（二）EAN-8 商品条形码

EAN-8 商品条形码由左侧空白区、起始符、左侧数据符、中间分隔符、右侧数据符、校验符、终止符、右侧空白区及供人识别字符组成，如图 2-11 所示。EAN-8 各组成部的模块宽如图 2-12 所示。

图2-11　EAN-8商品条形码符号结构

左侧空白区	起始符	左侧数据符（4位数字）	中间分隔符	右侧数据符（3位数字）	校验符（1位数字）	终止符	右侧空白区

图2-12　EAN-8商品条形码符号构成示意图

EAN-8 商品条形码的起始符、中间分隔符、校验符、终止符的结构同 EAN-13 商品条形码。

EAN-8 商品条形码左侧空白区与右侧空白区的最小宽度均为 7 个模块宽。为保护左右侧空白区的宽度，可在条形码符号左下角加"<"符号，在条形码符号右下角加">"符号，"<"和">"符号的位置如图 2-13 所示。

图2-13　EAN-8条形码符号空白区中"<"">"的位置及尺寸

五、商品条形码设计与印刷

（一）商品条形码设计

1. 条形码标识形式的设计

企业在完成产品的编码工作后就需要考虑条形码标识的设计。本着减少商品包装成本、美观大方和易于扫描识读的原则，商品条形码标识主要设计成以下三种形式：

（1）直接印刷在商品标签纸或包装容器上。

如烟、酒、饮料、食品、日用化工产品、药品等，利用大批量连续印刷的方法把条形码标识和标签原图案同时印成，具有方便、美观、不增加印刷费用等优点。

（2）制成挂牌悬挂在商品上

眼镜、手工艺品、珠宝首饰、服装等，没有印刷条形码标识的位置，可将条形码打印在挂牌上再分挂在商品上。

（3）制成不干胶标粘贴在商品上。

如化妆品、油脂制品、家用电器等，将条形码与装潢图案印在不干胶上再粘贴在商品上。一些产品的老包装因不带条形码标识，为了避免浪费，也可将带条形码的不干胶粘贴在老包装上。

2. 条形码载体设计

大多数商品条形码都直接印刷在商品包装上，因此条形码的印刷载体以纸张、塑料、马口铁、铝箔等为主。

鉴于条形码的尺寸精度和光学特性直接影响条形码的识读，印刷载体的设计应考虑以下几个方面。

（1）为保证条形码尺寸精度，应选用受温度影响小、受力后尺寸稳定、着色度好、油墨扩散适中、渗透性小、平滑度好、光洁度适中的材料作为印刷载体。

（2）为保证条形码的光学特性，应注意材料的反射特性，避免选用反光或镜面式窄反射材料。

实践证明，条形码印刷以纸张作为印刷载体时，应首选铜版纸、胶版纸、白板纸；以塑料作为印刷载体时，应首选双向拉伸聚丙烯薄膜；以金属材料作为印刷载体时，应首选铝合金板和马口铁。常用的瓦楞纸箱包装由于表面平整性差、油墨渗洇性不一致，在纸上面印刷条形码会产生较大的印刷误差，因此一般情况下不在瓦楞纸板上印刷条形码。如果一定要在瓦楞纸上印条形码则要加厚瓦楞纸板的面纸、底纸厚度，且条形码的条应与瓦楞方向一致。

3. 颜色设计

条形码识读器是通过条形码符号中条、空对光反射率的对比来实现识读的。不同颜色的光反射率不同。一般来说，浅色的反射率较高，可作为空色，即条形码符号的底色，如，白色、黄色、橙色等；深色的反射率较低，可作为条色，如黑色、深蓝色、深绿色、深棕色等。表2-10仅提供设计者参考。

表 2-10 条形码符号条空颜色搭配参考表

序号	空色	条色	能否采用	序号	空色	条色	能否采用
1	白色	黑色	√	17	红色	深棕色	√
2	白色	蓝色	√	18	黄色	黑色	√
3	白色	绿色	√	19	黄色	蓝色	√
4	白色	深棕色	√	20	黄色	绿色	√
5	白色	黄色	×	21	黄色	深棕色	√
6	白色	橙色	×	22	亮绿	红色	×
7	白色	红色	×	23	亮绿	黑色	×
8	白色	浅棕色	×	24	暗绿	黑色	×
9	白色	金色	×	25	暗绿	蓝色	×
10	橙色	黑色	√	26	蓝色	红色	×
11	橙色	蓝色	√	27	蓝色	黑色	×
12	橙色	绿色	√	28	金色	黑色	×
13	橙色	深棕色	√	29	金色	橙色	×
14	红色	黑色	√	30	金色	红色	×
15	红色	蓝色	√	31	深棕色	黑色	×
16	红色	绿色	√	32	浅棕色	红色	×

注："√"表示难采用；"×"表示不能采用。

根据 EAN 规范的要求，条形码印刷颜色设计提要如下：

条、空采用黑白搭配可获得最大对比度，所以黑白搭配是最安全的条形码符号颜色设计。

由于条形码识读器一般用波长 630~700nm 的红色光源，红光照射在红色上反射率最高，因此红色绝不能作为条色，只能作为空色。以深棕色作为条色时，也必须将其中红色成分控制在足够小的范围内，否则会因红色的作用而影响条形码识读。

透明或半透明的印刷载体，应禁用与其包装内容物相同的颜色作为条色，以免降低条空对比度，影响识读。此时可以在印条形码的条色前，先印一块白色的底色作为条形码的空色，然后再印刷条色。白色的底使条形码与内容物颜色隔离，保证 PCS 值达到技术要求。

当装潢设计的颜色与条形码设计的颜色发生冲突时，应以条形码设计的颜色为准，改动装潢设计颜色。

使用铝箔等金属反光材料作为载体时，可使用将经打毛处理的本体颜色或在本体上印一层白色作为条形码的空色。未经打毛的反光材料本体作为条色。如我们常见的"雪碧""健力宝"等易拉罐就是这样设计条形码颜色的。

带有金属性的颜色（如金色），由于其反光度和光泽性会造成镜面反射效应而影响扫描器识读，因而用金色来印刷条形码或把印刷载体上的金色作为空色时一定要慎重。

总之，条形码标识颜色的选择对条形码的识读是至关重要的。企业在设计条形码颜色时，如不清楚所选条、空颜色搭配是否符合要求，可用条形码检测仪分别测量一下条色和空色的反射率，然后按 PCS 值计算公式计算一下看是否符合标准所要求的数值，再做决定。

4. 尺寸设计

条形码标识的尺寸设计就是确定条形码的放大系数 M。放大系数指的是条形码设计尺寸与条形码标准版尺寸的比值。

在设计条形码尺寸时，主要考虑以下几个因素：

印刷包装上可容纳的条形码面积；

与装潢的整体协调；

印刷厂的印刷条件。

从 GB12904《商品条码》国家标准中我们可以看出，不同放大系数的条形码，它们的尺寸误差要求也不同。放大系数越小，尺寸误差要求越严。

有的印刷厂因受设备条件等限制就只能印刷 1.0 以上的条形码标识。0.85 以下放大系数的条形码的印刷质量大多数印刷厂都不能保证，因此建议企业不要采用 0.85 以下放大系数的条形码。在可印刷条形码的面积中，如只是高度尺寸不够，则可以不减小条形码放大系数面，在印刷制版时适当截去部分条高。由于条形码识读器性能的提高，截去部分条高一般不会影响扫描识读。但这是在万不得已的情况下采取的办法，如果面积足够就不要截短条高，且在选择放大系数时尽量采用较大值。

在选择放大系数时，还要考虑商品包装的整体设计，使印制的条形码与商品包装图案匀称协调。在小包装上印刷放大系数较大的条形码或在大包装上印刷放大系数较小的条形码都会破坏商品包装的整体效果。

另外，如果印刷载体是瓦楞纸板或其他质量较差的纸张，为了保证印刷质量，应选用较大放大系数的条形码。

包装较小的零售商品可考虑印刷 EAN 码或 UPG 码的缩短版（EAN-8 码或 UPC-E 码）。

（1）模块、条形码字符及符号组成部分的尺寸

模块尺寸：当放大系数为 1.00 时，商品条形码的模块宽度为 0.330mm。

条形码字符的尺寸：当放大系数为 1.00 时，商品条形码字符集中每个字符的各部分尺寸见图 2-14。其中，1、2、7、8 条形码字符条空的宽度尺寸应进行适当调整，以提高识读设备对条形码符号的识读性能。调整量为一个模块宽度尺寸的 1/13，如表 2-11 所示。

表 2-11 条形码字符 1、2、7、8 条空宽度的调整量

字符值	A 子集		B 子集或 C 子集	
	条	空	条	空
1	-0.025	+0.025	+0.025	-0.025
2	-0.025	+0.025	+0.025	-0.025
7	+0.025	-0.025	-0.025	+0.025
8	+0.025	-0.025	-0.025	+0.025

空白区宽度尺寸：当放大系数为 1.00 时，EAN-13 商品条形码的左右侧空白区最小宽度尺寸分别为 3.63mm 和 2.31mm，EAN-8 商品条形码的左右侧空白区最小宽度尺寸均为 2.31mm。

起始符、中间分隔符、终止符的尺寸：当放大系数为 1.00 时，EAN 商品条形码起始符、中间分隔符、终止符的尺寸见图 2-15。

供人识别字符的尺寸：当放大系数为 1.00 时，供人识别字符的高度为 2.75mm。

（2）EAN-13 商品条形码的符号尺寸

当放大系数为 1.00 时，EAN-13 商品条形码的符号尺寸见图 2-16 所示。

（3）EAN-8 商品条形码的符号尺寸

当放大系数为 1.00 时，EAN-8 商品条形码的尺寸如图 2-17 所示。

（4）符号尺寸与放大系数

商品条形码的放大系数为 0.80~2.00，条形码符号随放大系数的变化而放大或缩小。由于条高的截短会影响条形码符号的识读，因此不应随意截短条高。不同放大系数所对应的模块宽度、EAN 商品条形码的主要尺寸见表 2-12。

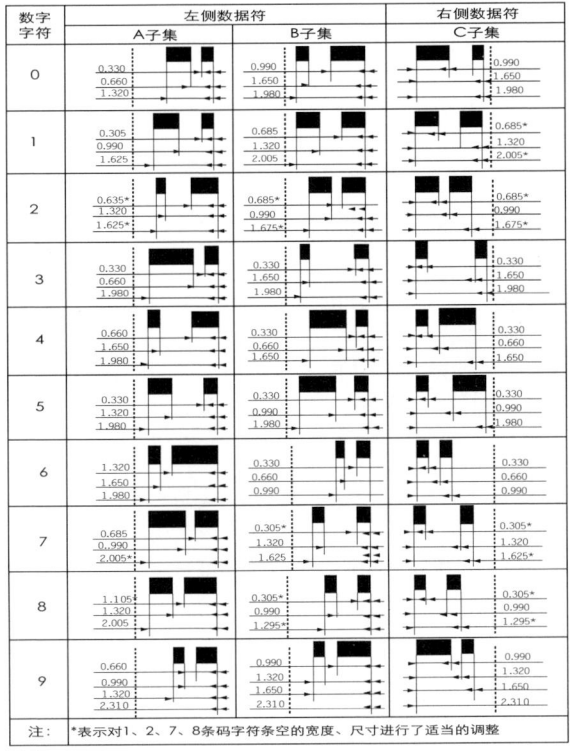

图2-14　条形码字符的尺寸

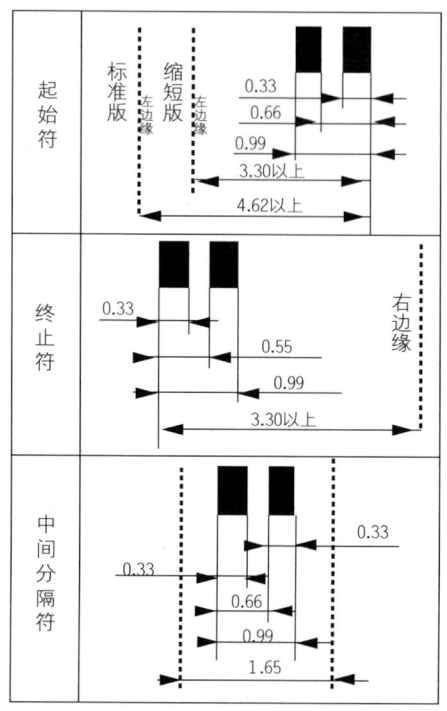

图2-15 起始符、中间分隔符、终止符的尺寸

图2-16 EAN-13商品条形码的符号尺寸

图2-17 EAN-13商品条形码的符号尺寸

表2-12 放大系数与模块宽度及EAN商品条形码符号主要尺寸对照表　　　　单位：毫米

放大系数	模块宽度	条形码符号尺寸					
		标准版			缩短版		
		条形码符号长度a	条高b	条形码符号高度c	条形码符号高度a	条高b	条形码符号高度c
0.80	0.264	29.83	18.28	20.74	21.38	14.58	17.05

续表

放大系数	模块宽度	条形码符号尺寸					
		标准版			缩短版		
		条形码符号长度a	条高b	条形码符号高度c	条形码符号高度a	条高b	条形码符号高度c
1.00	0.330	37.29	22.85	25.93	26.73	18.23	21.31
1.10	0.363	41.01	25.14	28.52	29.40	20.05	23.44
1.20	0.396	44.75	27.42	31.12	32.08	21.88	25.57
1.30	0.429	48.48	29.71	33.71	34.75	23.70	27.70
1.40	0.462	52.21	31.99	36.30	37.42	25.52	29.83
1.50	0.495	55.94	34.28	38.90	40.10	27.35	31.97
1.60	0.528	59.66	36.56	41.49	42.77	29.17	34.10
1.70	0.561	63.39	38.85	44.08	45.44	30.99	36.23
1.80	0.594	67.12	41.13	46.67	48.11	32.81	38.36
1.90	0.627	70.85	43.42	49.27	50.79	34.64	40.49
2.00	0.660	74.58	45.70	51.86	53.46	36.46	42.62

a 条形码符号长度为从条形码起始符左边缘到终止符右边缘的距离以及左、右侧空白区的最小宽度之和。
b 条高为条形码的短条高度。
c 条形码符号高度为条的上端到供人识别字符下端的距离。

5. 商品条形码符号放置通则

（1）商品条形码符号位置选择的基本原则

条形码符号位置的选择应以符号位置相对统一、符号不易变形、便于扫描操作和识读为准则。商品条形码符号位置相对统一是指同一类型的商品包装上符号位置应一致。通常，商品包装上条形码符号放置的位置变化越大，商店营业员寻找条形码符号并通过扫描器进行结算的速度就越慢。因此，商业POS系统的扫描结算速度与条形码符号印刷位置的一致性密切相关。保证商品条形码符号位置的相对统一，有利于提高商品条形码自动识别系统的效率。

（2）首选位置：条形码符号位置宜在商品包装背面的右侧下半区域内。

（3）其他的选择：商品包装背面不适宜放置条形码符号时，可选择商品包装另一个适合的面的右侧下半区域放置条形码符号。但是体积大或笨重的商品，条形码符号不应放置在商品包装的底面。

（4）边缘原则：条形码符号与商品包装邻近边缘的间距不应小于8mm或大于102mm。

边缘原则的要求是，条形码符号离包装的边缘既不要太近，又不要太远。商品条形码符号离包装的边缘太近、太远都不好。太近，商店营业员手持商品进行扫描时，手指可能会把条形码符号某些部分遮挡住；太远，则条形码符号不易寻找。

（5）方向原则：商品包装上条形码符号宜横向放置。横向放置时，条形码符号的供人识别字符应为从左至右阅读。在印刷方向不能保证印刷质量和商品包装表面曲率及面积不允许的情况下，可以将条形码符号纵向放置。纵向放置时，条形码符号供人识别字符的方向宜与条形码符号周围的其他图文相协调，如图2-18、图2-19所示。

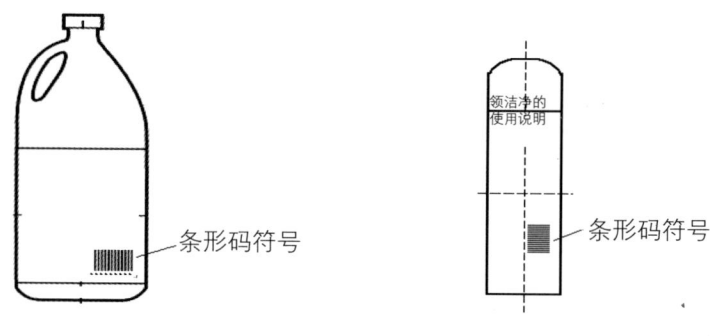

图2-18　横向放置（栅栏方向）　　图2-19　纵向放置（梯子方向）

（6）曲面上的符号方向：在商品包装的曲面上将条形码符号的条平行于曲面的母线放置条形码符号时，条形码符号表面曲度（θ）应不大于30º。条形码符号表面曲度大于30º，应将条形码符号的条垂直于曲面的母线放置。

条形码符号表面曲度（θ）：长度等于条形码符号最左条、最右条外侧之间距离的弧长所对应的圆心角的一半，如图2-20、图2-21所示。

第二章 条形码技术与应用

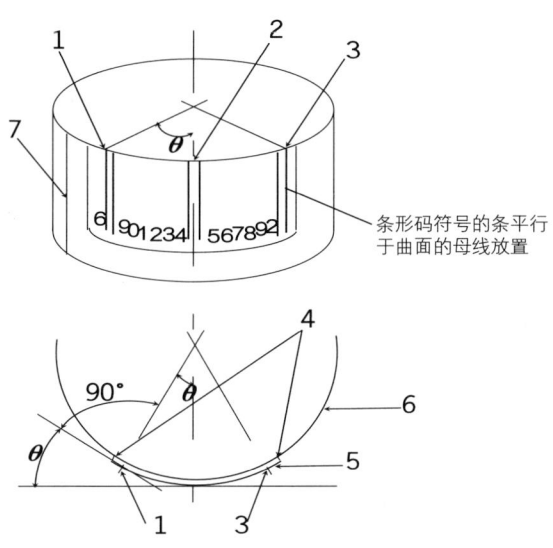

1. 第一个条的外侧边缘　　2. 中间分隔符两端的正中间
3. 最后一个条的外侧边缘　4. 左、右空白区的外侧边缘
5. 条形码符号　　　　　　6. 包装的表面
7. 曲面的母线　　　　　　θ角：条形码符号表面曲度

图2-20　条形码符号表面曲度示意图

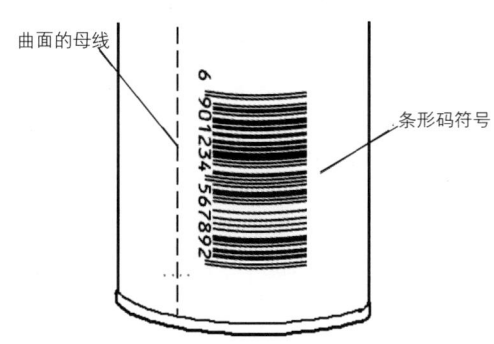

图2-21　条形码符号的条与曲面的母线垂直

（7）常见类型包装上条形码符号的放置

箱型包装：箱型包装的条形码符号宜印在包装背面的右侧下半区域，靠近边缘处。包装背面不适合印条形码符号时，可印在正面的右侧下半区域，如图2-22所示。

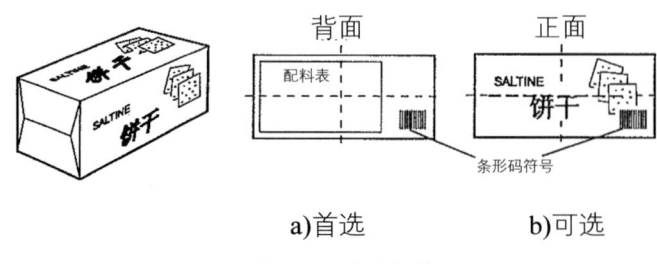

a)首选　　　　　　b)可选

图2-22　箱型包装

瓶型和壶型包装：条形码符号宜印在包装背面或正面的右侧下半区域，如图2-23所示。不应把条形码符号放置在瓶颈、壶颈处。

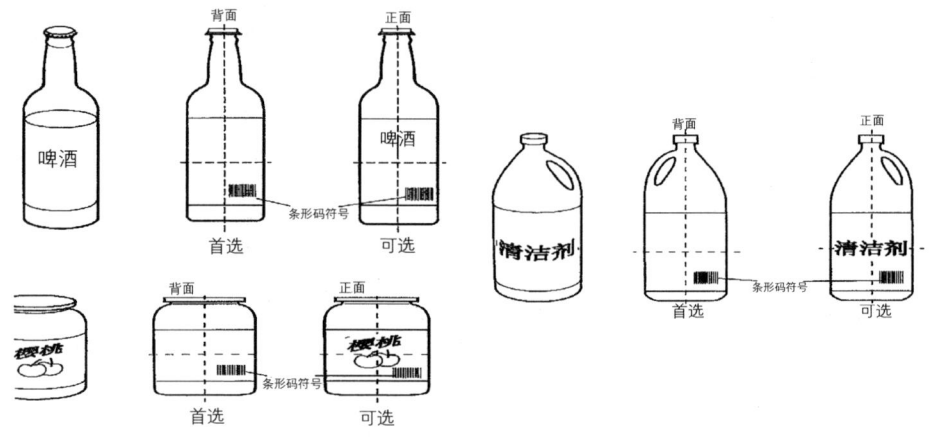

图2-23　瓶型和壶型包装

罐型和筒型包装：条形码符号宜放置在包装背面或正面的右侧下半区域，如图2-24所示。不应把条形码符号放置在有轧波纹、接缝和隆起线的地方。

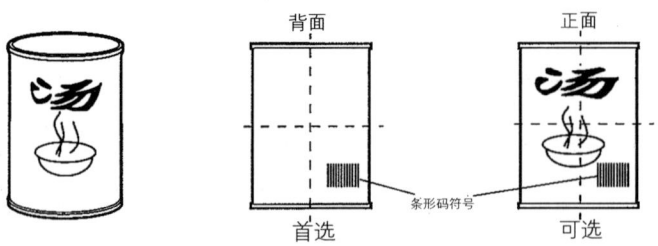

图2-24　罐型和筒型包装

桶型和盆型包装：条形码符号宜放置在包装背面或正面的右侧下半区域。背面、正面及侧面不宜放置时，条形码符号可放置在包装的盖子上，但盖子的深度（应不大于 12 mm），如图 2-25 所示。

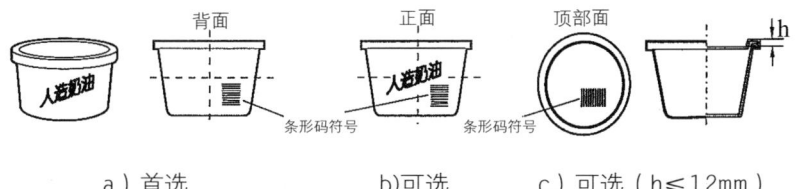

图2-25　桶型和盆型包装

袋型包装：条形码符号宜放置在包装背面或正面的右侧下半区域，尽可能靠近袋子中间的地方，或放置在填充内容物后袋子平坦、不起皱折处，如图 2-26 所示。不应把条形码符号放在接缝处或折边的下面。

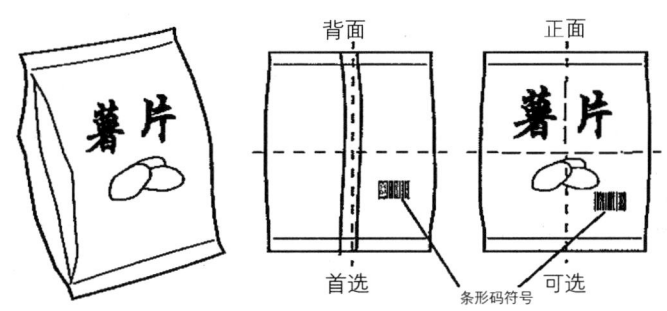

图2-26　袋型包装

收缩膜和真空成型包装：条形码符号宜放置在包装的较为平整的表面上。在只能把条形码符号放置在曲面上时，不应把条形码符号放置在有皱折和扭曲变形的地方，如图 2-27 所示。

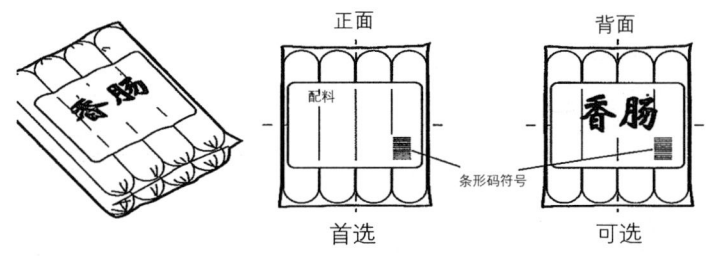

图2-27　收缩膜和真空成型包装

泡型罩包装：条形码符号宜放置在包装背面右侧下半区域，靠近边缘处。在背面不宜放置时，可把条形码符号放置在包装的正面，条形码符号应离开泡型罩的突起部分。当泡型罩突起部分的高度（H）超过 12 mm 时，条形码符号应远离泡型罩的突起部分，如图 2-28 所示。

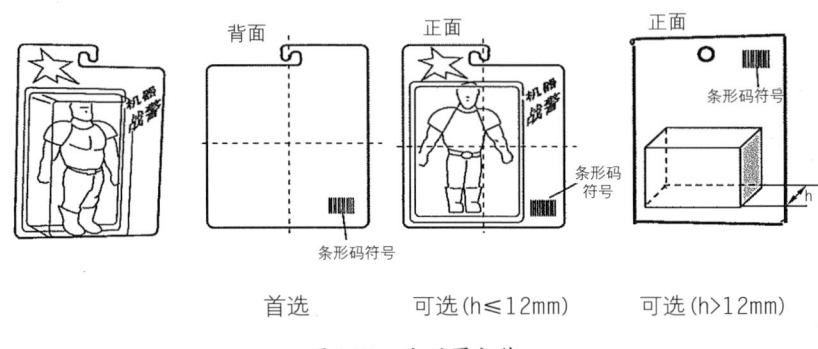

图2-28　泡型罩包装

卡片式包装：条形码符号宜放置在包装背面的右侧下半区域，靠近边缘处。在背面不宜放置时，可把条形码符号放置在包装正面，条形码符号应离开产品放置，避免条形码符号被遮挡，如图 2-29 所示。

盘式包装：条形码符号宜放置在包装顶部面的右侧下半区域，靠近边缘处，如图 2-30 所示。

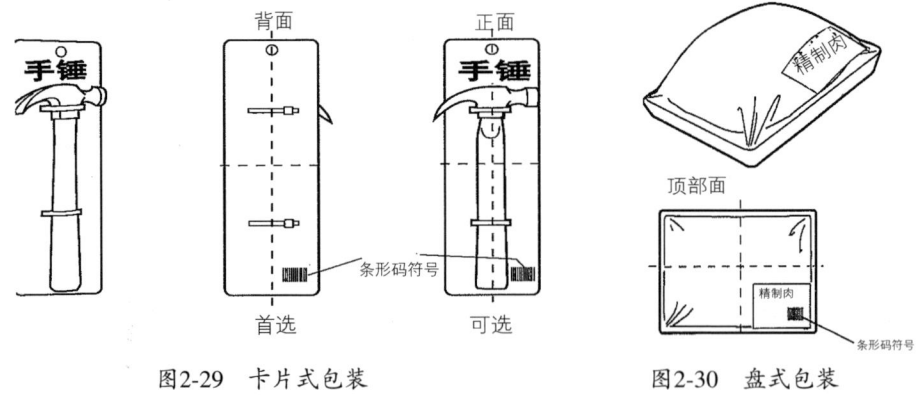

图2-29　卡片式包装　　　　　图2-30　盘式包装

蛋盒式包装：条形码符号宜放置在盒盖与盒身有连接边的一面、连接边以上盒盖右侧的区域内，此处不宜放置时，条形码符号可放置在顶部面的右侧下半区域，如图 2-31 所示。

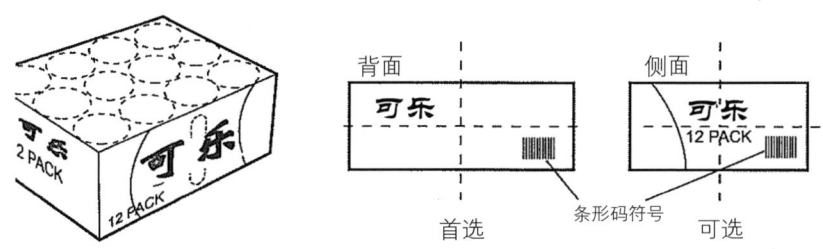

图2-31 蛋盒式包装

多件组合包装：条形码符号宜放置在包装背面的右侧下半区域，靠近边缘处。在背面不宜放置时，可把条形码符号放置在包装的侧面的右侧下半区域，靠近边缘处，如图 2-32 所示。当多件组合包装和其内部的单件包装都带有商品条形码时，内部的单件包装上的条形码符号应被完全遮盖，多件组合包装上的条形码符号在扫描时应是唯一可见的条形码。

图2-32 多件组合包装

其他形式：无包装商品的商品条形码符号可以印在挂签上。如果商品有较平整的表面且允许粘贴或缝上标签，条形码符号可以印在标签上，如图 2-33 所示。

图2-33 其他形式

6.条形码的粘贴原则:

(1)按照商品包装形态规格统一粘贴标签,每一种商品应仅有一个标准粘贴位置;

(2)标签不应粘贴在有大角度和弧度的位置上,由于商品原因不能按照标准粘贴条形码时,条形码标签的码线要与角度线或弧度线顺向粘贴;

(3)条形码标签应平整地粘贴在商品上,不能产生皱纹;

(4)生鲜商品包装如果有水滴,应该擦干净后再粘贴条形码标签;

(5)条形码标签应粘贴在商品包装的空白处,不要将包装上的说明、产地等信息覆盖;

(6)商品上只能出现一种条形码标签,新条形码标签在使用时必须覆盖旧条形码标签。

(二)商品条形码印刷

1.条形码符号的放大系数

在商标纸上直接印刷条形码是最常见的。在设计时条形码符号首先应选择放大系数。它是由商标纸上所能容纳的条形码印刷面积及承印厂的技术水平决定的。为了保证识读,商品条形码的放大系数一般在 0.80~2.00 的范围内,这样有助于条形码符号识读成功。条形码符号随放大系数的变化而放大或缩小。由于条高的截短会影响条形码符号的识读,因此不应随意截短条高。

2.条、空反射率与印刷对比度

不少用户发现,在进行条形码符号设计时,虽按规定选择了合适的条、空颜色,但仍有一些印在塑料膜或较薄的漏光材料上的条形码符号印刷对比度不合格。产生这个问题的原因是扫描时照在条形码上面的光有一部分发生了透射,致使扫描器接收到的反射光变弱,造成空的反射率降低(条发生漏光的可能较小),影响了条、空的印刷对比度。另外,还有一种原因也应引起注意。用漏光材料印刷条形码,其内装物品的颜色也会影响空的反射率。因此使用这种材料必须先印底色并确认无漏光后再印条色。在马口铁与铝箔上印条形码,也应垫底色以避免因表面镜面反射与漫反射混杂对反射率造成影响。用铝箔的本色作为条色时,必须处理铝箔的表面,使其镜面反射的程度尽量高，否则会因条色反射率的增加造成条形码印刷对比度不合格。

3. 条形码符号的截短

条形码符号不应轻易截短，否则会降低解码概率，影响识读速度。国际物品编码协会有关资料指出，高度截短带来的识读困难是不容忽视的。由于生产厂家不可能预测自己生产的带有条形码符号的产品会遇到何种扫描识读设备，因此千万不能只顾自己方便而给销售商制造麻烦。

4. 左右侧空白区

条形码符号左右侧空白区上有印迹或其尺寸随意变窄也是印刷中常见的错误。轻易减少空白区尺寸会造成扫描识读设备归零及判断开始识读位置的错误，从而造成条形码符号的识读错误。条形码设计者与印刷者都应重视这个问题。不得在印刷时改变条形码胶片的角标位置，即印刷条形码的空白区的尺寸不得小于标准中规定的尺寸。

5. 瓦楞纸板上的条形码印刷

在瓦楞纸上印刷条形码应注意尺寸精度。由于印刷时易因受力不均导致条形码弯曲变形，可采用在其他载体上印刷条形码，然后再将其粘在瓦楞纸包装上的方法解决这一问题。

6. 条形码符号原版胶片

企业在获得厂商识别代码并对需要印制条形码的产品正确编码之后，要将条形码印刷在相应的产品包装上。通常，这需要订制原版条形码胶片以便制版印刷。原版条形码胶片是正确印刷、使用条形码的关键，在制版时不能随意放大或缩小。企业在订制原版条形码胶片时，应特别注意以下几个方面的内容。

六、其他类型条形码

（一）39 条形码

39 条形码是 Intermec 公司 1975 年推出的一种条形码，它可表示数字、英文字母以及"–"".""/""+""%""$"空格和"*"，共 44 个符号，其中"*"，仅作为起始符和终止符。39 条形码有编码规则简单、误码率低、表示字符个数多等特点，因此应用极为广泛。我国也制定了相应的国家标准（GB/T 12908-2002）。39码仅有两种单元宽度——分别为宽单元和窄单元。宽单元宽度为窄单元的1~3倍，一般多选用2倍、2.5倍或3倍。39条形码的每一个条形码字符由9个单元组成，其中有3个宽单元，其余是窄单元，因此称为39条形码，如图2-34所示43个字符组成。

图2-34　39条形码

39条形码是一种长度可变、不连续的条形码，可按需要增加信息量。39条形码的相对密度较低，印刷较方便，因此，39条形码具有更广泛的实用价值和良好的适应性，在美国的军事和工业领域得到了大量的应用。由于39条形码能标识的信息范围和信息量较大，因而被广泛应用于工业、图书及票证自动化管理上。

39条形码有如下特点：

1. 39条形码的每一字符由5个条和4全空共9个元素组成，字符之间有位空；

2. 39条形码的每一字符是由2个宽条、3个窄条、一个宽空、3个窄空组成，这是具有两种元素宽的代码；

3. 39条形码的宽元素二进制逻辑值为"1"，窄元素的逻辑值为"0"；宽窄元素的宽度比值A的范围为2/1 <A<3/1；39条形码的字符密度为9.4字符/25.4mm（1英寸）；

4. 39条形码具有ASCII码的特性，可将128个字符全部编码；

5. 每一个39条形码符号均以"★"为起始符和结束位符；

6. 39条形码具有自检功能。

（二）库德巴条形码

库德巴条形码于1972年推出，这是一种条、空均表示信息的非连续型、可变长度，并具有双向自检的条形码，在仓库管理、血液库管理、航空快递包裹等领域得到大量的应用。库德巴条形码的字符集共由20个字符组成，其中有数字 10 个（0~9）、字母 4 个（A、B、C、D），符号 6 个（十、一、：、1、$），如图 2-35 所示。

图 2-35　库德巴条形码

库德巴条形码有如下特点：

1. 库德巴条形码的每一字符由 4 个条，3 个空，7 个单元组成；有 2 种元素宽度，宽条或宽空的二进制逻辑值为"1"，窄条或窄空的逻辑值为"0"；

2. 库德巴条形码的每个字符有 2~3 个宽元素，其余为窄元素，具体视不同字符而定。

3. 库德巴条形码的每个符号由两侧静区、起始符、终止符（A~D）及中间位空组成，正是离散的非连续型的条形码。

（三）25 条形码

25 条形码是在 20 世纪 60 年代后期推出的一种较简单的条形码，其字符集只有 0~9 数字，只以条来表示信息，数据密度较低，对印刷和扫描的精度要求也不高。当时较多应用于飞机票编号等领域。

25 条形码有如下特点：

1. 25 条形码只用条表示信息，每个字符由 5 个条组成，其中有 2 个宽条和 3 个窄条；

2. 25 条形码的符号，中空不表示信息，宽、窄条的宽度比为 3/1，字符之间用宽空分隔，因此，精度较低，是一种离散型的、符号长度可变的条形码；

3. 25 条形码符号的起始符为 110，终止符为 101。

（四）交叉 25 条形码

25 条形码是一种应用较方便的条形码，其缺点是精度和数据密度均较低。随着印刷技术与条形码识别技术的提高，又推出了交叉 25 条形码。

这是在 25 条形码的基础上改进的一种码制，交叉 25 条形码的编码规则与 25 条形码基本相同，唯一不同的是交叉 25 条形码的空也表示信息，从而将相同宽度的符号所表示的信息量提高了 1 倍。交叉 25 条形码是一种长度可变的、连续型的、具有自检功能的条形码。

（五）128 条形码

还有连续型、非定长的码制，如 EAN 128 条形码（国内称为 128 条形码或 Code 128），如图 2-36 所示。它是由国际物品编码协会和美国统一代码委员会联合开发，共同采用的一种特定含义的条形码符号，用以表示生产日期、批号、数量、规格、保质期、收货地等商品信息。该码可表示从 ASCII 0 到 ASCII 127 共 128 个字符，故称 128 条形码。128 条形码与 39 条形码有很多相似的地方，都广泛运用在企业内部管理、生产流程、物流控制系统方面。二者不同之处在于 128 条形码比 39 条形码表现的字符更多，单位长度里的编码密度更高，当编码字符数超出了 39 条形码的限制时，就可选择 128 条形码来编码。128 条形码比 39 条形码更具灵活性。

图2-36　128条形码

七、二维条形码

二维条形码技术的研究是近些年兴起的，它的兴起主要是解决传统一维条形码信息容量低，纠错能力弱，在很多情况下使用受限的问题。二维条形码在二维空间上由具有特殊结构的几何图形元素按一定规律和顺序组合成的图形，巧妙地利用构成计算机内部逻辑基础的"0""1"比特流的概念，使用若干个与二进制相对应的几何形体来表示文字数值信息。它在水平和垂直方向上存储信息，是一种高密度编码，比普通一维条形码信息容量高几十倍以上。二维条形码的编码范围非常广泛，它不仅可以像一维条形码那样保存英文、数字等符号信息，还可以保存中文、图片、声音、指纹、签字等多种数据类型。二维条形码可加密，具有很高的保密性，且纠错能力很强，当纠错等级提高时污损 50% 依然可以完整读出信息。二维条形码可以用扫描仪扫描或用摄像头直接读取，无须像一维条形码那样需要后台数据库支持，使用起来十分方便。同时它还具有条形码符号形状、大小可变的特点。表 2-13 给出了二维条形码与一维条形码的比较。二维条形码作为一种全新的自动识别和信息载体技术，其经济性和可靠性正被越来越多的人们所了解和认知。目前，国外发达国家已将此项技术广泛应用于国防、海关、税务、公共安全、交通运输等信息自动携带、传递、防伪领域。

表 2-13 二维条形码与一维条形码的比较

	编码字符集	信息容量	信息密度	纠错能力	可否加密	对数据库和通信网络的依赖	识读设备
一维条形码	数字 0~9 与 ASCII 字符（仅 128 条形码等几种一维条形码能实现）	小，一般仅能表示几十个数字字符	低	只提供错误校验，无法纠错	否	高	一般采用扫描式识读器
二维条形码	数字、汉字、多媒体等全部数字化信息	大，一般能表示几百个字节，汉信码可表示 3262 个字节信息	高	提供错误校验与纠正功能，纠错能力强	是	低	堆叠式二维条形码可采用扫描式和摄像式识读器，矩阵式二维条形码只能采用摄像式识读器

（一）二维条形码技术的发展和应用现状

二维条形码作为一种高容量信息存储、传递和识别的技术，自诞生之日起就得到了世界上许多国家的关注。美国、德国、日本、墨西哥、埃及、哥伦比亚、巴林、新加坡、菲律宾、南非、加拿大等国，不仅已将二维条形码技术应用于公安、外交、军事等部门管理各类证件，还将二维条形码应用于海关、税务等部门对各类报表和票据的管理，商业、交通运输等部门对商品及货物运输的管理，邮政部门对邮政包裹的管理，工业生产领域对工业生产线的自动化管理等。

我国对二维条形码技术的研究开始于 1993 年。目前，二维条形码技术已在我国的汽车行业自动化生产线、医疗急救服务卡、涉外专利案件收费、珠宝玉石饰品管理、高速公路收费管理及银行汇票上得到了应用。而汉信码的研发成功，实现了我国自主知识产权二维条形码标准零的突破，有力地推动了二维条形码在我国的应用。

（二）二维条形码的分类

二维条形码可以分为堆叠式二维条形码和矩阵式二维条形码。

1. 堆叠式二维条形码

堆叠式二维条形码形态上是由多行短截的一维条形码堆叠而成，其编码原理建立在一维条形码基础之上，按需要将一维条形码堆积成二行或多行。它在编码设计、校验原理、识读方式等方面继承了一维条形码的一些特点，识读设备、条形码印刷与一维条形码技术兼容。但由于行数的增加，需要对行进行判定，其译码算法与软件也不完全相同于一维条形码。有代表性的堆叠式二维条形码有：Code 16K、Code 49、PDF417 等。

2. 矩阵式二维码

矩阵式二维条形码是在一个矩形空间中通过黑、白像素在矩阵中的不同分布进行编码。在矩阵相应元素位置上，用点（方点、圆点或其他形状）表示二进制"1"，点的不出现表示二进制的"0"，点的排列组合确定了矩阵式二维条形码所代表的意义。矩阵式二维条形码是建立在计算机图像处理技术、组合编码原理等基础上的一种新型图形符号自动识读处理码制。具有代表性的矩阵式二维条形码有：Data Matrix、Maxi Code、QR Code、PDF417、汉信码等。

（1）Data Matrix 码。Data Matrix 码是一种矩阵式二维条形码，由美国国际资料公司的 Dennis Priddy 和 Robert S. Cymbalski 发明，其发展的构想是在较小的条形码标签上存入更多的资料。Data Matrix 条形码有两种类型即 ECC000-140 和 ECC200。ECC000-140 具有几种不同等级的卷积错误纠正功能，而 ECC200 则通过 Reed-Solomon 算法利用生成多项式计算错误纠正码，不同尺寸的 ECC200 符号应用不同数量的错误纠正码。现在的 Data Matrix 码主要以对 ECC200 码的研究与应用为主，ECC000-140 的应用很少，所以本文中，除特殊说明外，Data Matrix 码均特指 ECC200 码。

图 2-37 给出了几种常见的二维条形码。下面将分别予以简略介绍。

（a）PDF417

（b）Maxi Code

（c）QR Code

（d）Data Matrix

（e）汉信码

图 2-37 几种常见的二维条形码

（2）Maxi Code 码。Maxi Code 最初又称 UPS Code，是美国 UPS 快递公司专门为邮件系统设计的专用二维条形码，后由美国自动识别协会制定了统一的符号规格，被称为 Maxi Code，也称 USS-Maxi Code（Uniform SymbologySpecification-Maxi Code）。Maxi Code 条形码是一种固定尺寸、具有高容量和纠错能力的矩阵式二维条形码，共有 7 种模式（包括两种作废模式），可表示全部 ASCII 字符和扩展 ASCII 字符。Maxi Code 符号由紧密相连的多行六边形模块和位于符号中央的定位图形（3 个黑色同心圆）组成，每个符号包含 884 个六边形模块，分 33 层围绕着中央定位图形，每一层最多包含 30 个模块。

（3）QR Code。QR Code 是由日本 Denso 公司研制的一种矩阵式二维条形码，它除了具有信息量大、可靠性高、可表示图像及多种文字信息、保密防伪性强等优点外，还具有高速全方位识读、有效表示汉字等主要特点。每个 QR 码符号由名义上的正方形模块构成，组成一个正方形阵列。它由编码区和包括寻像图形、分隔符、定位图形和校正图形在内的功能图形组成。符号由空白区包围。

（4）PDF417 码。PDF417 码是由美国 Symbol Technologies 公司的美籍华人王寅君博士发明的。PDF(Portable Data File)意思是"便携数据文件"。因为条形码的每一个条形码字符都是由 4 个条和 4 个空共 17 个模块构成，故称 PDF417 码。PDF417 码是一种多层、可变长度、具有高容量和纠错能力的堆叠式二维条形码。其条形码符号采取多行结构，符号的四周为空白区，上下空白区之间为多行结构，每行数据符号字符数相同，行与行左右对齐直接衔接。其最小行数为 3，最大行数为 90。每一个 PDF417 符号可以表示高达 1108 个字节、或 1850 个 ASCII 字符或 2710 个数字的信息。

（5）汉信码。汉信码是由中国物品编码中心牵头，于 2005 年研发完成的我国拥有完全自主知识产权的新型二维条形码，是我国"十五"重要技术标准研究专项《二维条形码新码制开发与关键技术标准研究》课题的研究成果。它是目前汉字编码效率最高的二维条形码，且支持全部 GB 18030 字符集汉字以及未来的扩展。此外，它还具有信息容量大、密度高、抗畸变、抗污损能力强等特点，达到了国际先进水平。每个汉信码是由正方形模块组成的一个正方形阵列构成，包括信息编码区和功能图形区，其中功能图形区包括寻像图形、寻像图形分隔区与校正图形。

（三）二维条形码技术与其他自动识别技术的比较

自动识别技术是指不使用键盘，即可将信息数据自动输入计算机、微处理器、逻辑控制器等信息系统的技术。自动识别技术是以计算机技术和通信技术的发展为基础的综合性科学技术，近几十年在全球范围内得到了迅猛发展。除了条形码技术以外，常用的自动识别技术还包括：磁卡识别技术、接触式 IC 卡识别技术及射频识别技术等。

磁卡识别技术运用了物理学和磁力学的基本原理。磁卡使用磁条记录信息，磁条就是一层薄薄的由定向排列的铁性氧化粒子组成的材料（也称为涂料），用树脂粘合在一起并粘在诸如纸或塑料这样的非磁性基片上。其优点是数据可读写，即具有现场改变数据的能力，数据存储量能满足大多数需要，便于使用，成本低廉，还具有一定的数据安全性，能粘附于许多不同规格和形式的基材上。这些优点使它在很多领域得到广泛应用，如

第二章 条形码技术与应用

信用卡、银行 ATM 卡、机票、公共汽车票、自动售货卡、会员卡、现金卡（如电话磁卡）等。磁卡识别技术是接触式识读，它与条形码有三点不同：一是其数据可作部分读写操作而条形码只能读不能写；二是相同面积上的编码容量比一维条形码大，但比二维条形码小；三是逐一标示物品成本比条形码高，而且由于接触性识读造成灵活性差，而条形码技术属于非接触性识读，灵活性好。另外其抗污染和抗干扰的能力较差，使用寿命短。

接触式 IC 卡使用存储器芯片存储信息，存储容量大，存储的数据可读写，属于接触式识读，通过电路接口读写信息，具有数据保密性和智能性的特点，有一定的抗环境污染和抗干扰能力，使用寿命长，但成本较高。接触式 IC 卡应用广泛，如公共电话卡、现金卡、会员卡等。

射频识别（Radio Frequency Identification，RFID）技术的基本原理是电磁理论。射频系统的优点是不局限于视线，识别距离比光学系统远，射频识别卡可读写，可携带大量的数据，难以伪造，有智能。射频识别标签基本上是一种标签形式，将特殊的信息编码打进电子标签，并将标签粘贴于需要识别或追踪的物品上，如货架、汽车、动物等。射频识别标签能够在人员、地点、物品和动物上使用，其适用领域包括物料跟踪、运载工具和货架识别等要求非接触数据采集和交换的场合。由于射频识别标签可读写，需要频繁改变数据内容的场合尤为适用。目前，最常用于交通运输（汽车和货箱身份验证）、路桥收费、保安（进出控制）、自动生产和动物标签等方面。其他应用包括自动存储和补充、工具识别、人员监控、包裹和行李分类、车辆监控和货架识别。其缺点是成本高，而且一般不能随意扔掉，而多数条形码扫描寿命结束即可扔掉。

表 2-14 给出了二维条形码与磁卡、IC 卡和射频识别技术的对比。作为常用的自动识别技术，这几种技术在一定程度上具有可替代性，但二维条形码具有一些显著优点，有较大的市场竞争力。

表 2-14 二维条形码与其他自动识别技术的比较

	二维条形码	磁卡	接触式 IC 卡	射频识别
读取方式	光电转换	磁电转换	电路接口	无线通信
读写性	读	读/写	读/写	读/写

续表

信息载体	纸或物质表面	磁条	存储器	存储器
信息量	大	较小	大	大
保密性	好	一般	好	好
智能性	无	无	有	有
抗干扰能力	较强	较差	一般	一般
抗污染能力	较强	较差	一般	较强
识读距离	0~0.5m	接触	接触	0~2m（超高频）
使用寿命	很长	短	长	长
基材价格	低	中	中	高
扫描器价格	中	低	低	高
优点	数据密度高；输入速度快；设备种类多；设备价格适中；非接触识读	输入速度快	数据密度高；输入速度快	可在灰尘、油垢等环境下使用；非接触识读
缺点	数据不能修改	不能非接触识读	不能非接触识读	标签、识读设备价格贵；数据可改写

通过比较，我们可以看出条形码技术能在商品、工业、邮电业、医疗卫生、物资管理、安全检查、餐旅业、证卡管理、军事工程、办公室自动化等领域中得到广泛应用，主要是由于其具有以下特点：

1.高速。键盘输入 12 位数字需 6 秒钟，而用条形码扫描器输入则只要 0.2 秒；

2.准确。条形码的正确识读率达 99.9%；

3.成本低。条形码标签成本低，识读设备价格便宜；

4.灵活。根据顾客或业务的需求，容易开发新产品，识读方式多，有手动式、固定式、半固定式，输入、输出设备种类多，操作简单；

5.可扩展。目前在世界范围内得到广泛应用的 EAN 码是国际标准的商品编码系统，横向、纵向发展余地都很大，现已成为商品流通业，生产自动管理，特别是 EDI（电子数据交换）和国际贸易的一个重要基础，并将发挥巨大作用。

第 三 章
POS管理系统设计与应用

商业自动化技术与应用

第一节
销售点信息管理系统POS概述

一、什么是POS

（一）POS 的定义

POS（Point of Sales）是由电子收款机和计算机联机构成的网络系统，通过该系统对商业零售的所有交易信息进行采集、加工、整理、分析、传递和反馈，使商店的营销管理现代化。

具体地说，带有自动读取商品条形码功能的收银机，在销售的同时，将每种商品的销售信息，以及商品在进货、配送等阶段所发生的各种信息传送到系统的后台计算机，通过计算机的处理及加工，再将结果传送到各部门，以迅速获取不同需求的有用信息，并以此作为商店进、销、调、存、退及其他各项管理的依据。

Point of Sales 的重点在于 Point，即"点"，其意义在于对销售的重"点"管理，在于商品销售的同一时间"点"，即商品销售所发生的资料在此"点"上完成采集输入，商品销售的信息资料包括：

Who——人

What——物

How Much Money——多少钱

When——时间

商品销售的信息资料收集过程如下：

（1）通过条形码阅读器读入商品条形码，并将条形码信息输入收

第三章 POS 管理系统设计与应用

银机；

（2）在数据库中找到有关商品的相应资料；

（3）对销售的商品进行结算，开出单据；

（4）将有关销售资料输入工作站计算机处理；

（5）通过网络将工作站计算机处理的信息传送到后台计算机中心进一步加工；

（6）根据计算机中心加工的结果做出调整和决策，使销存管理更合理。

（二）POS 的特征

1. 单品管理。是指具体的商品种类、品牌、型号规格、分类包装等最低一级的分类。例如，化妆品中的美宝莲牌的直径为 0.8cm、长为 2cm 不锈钢外管包装的暗红色唇膏；青岛牌小玻璃瓶包装啤酒等。单品管理即要求 POS 系统在商品的管理上能管理到单品级，具体的内容为：

（1）能逐一掌握商场陈列的每一种商品的销售动向；

（2）能逐一评估每一个营业员的工作业绩；

（3）能逐一掌握每一位顾客的消费情况。

2. 自动读取。是指商品销售资料的自动读取。现在大部分的商店销售商品种类繁多，交易笔数也多，用键盘输入数据，速度太慢，且由于人员素质的差异，出错率较高，而交易原始数据的正确与否，决定了 POS 系统的成败，故 POS 系统必须使用高正确率的条形码阅读器来自动读入商品条形码并输入收银机和计算机。

3. 销售点输入数据。是指要求商店的 POS 系统在每一个商品销出的同时输入并整理有关的销售数据资料。可以这样来理解 POS 的销售时点的含义：

4. 集中管理。POS 系统要求对各种商品销售信息集中管理。由销售点收银机收集的商品销售信息在送到后台计算机中心后，与其他部门传送来的信息，经过按一定目的需要进行集中加工处理后，即可作为决策处理的依据。例如，可以及时掌握各种单品是畅销还是滞销，了解新商品的试销

情况等，然后采取相应的对策。

（三）为什么要引入 POS 系统

随着市场经济的高速发展和商业改革的进一步深入，我国的商业正面临着从传统的商业管理向现代化商业管理的急剧转化，主要体现在：

1. 剧烈的竞争与消费动向的改变。商业正面临剧烈的本行业之间及异行业参与的激烈竞争，这是市场经济的规律。竞争体现在商品差异化、商品的价格及售后服务等。另外，现代社会消费动向也发生了剧变，体现在消费的个性化与多元化、商品寿命缩短、替换率提高、新商品的多样化。商品的销售前景难以估测、现代化的消费观念对服务品质和对商品的质与量并重的要求、各种偶然因素对商品销售所引发的商品畅销与滞销影响，这些影响均带有难以预测的因素。

2. 商店的经营管理起了质的变化。目前在商业领域，商店的经营管理已经从传统的采购管理模式转化为现代的销售管理模式。

就采购管理来讲，商店经营管理的重点在商品的采购上，将采购来的商品加以整理后销售，根据卖出量决定采购量，其利润是基本利润。采购管理往往有滞销商品囤积的问题。采购管理的最高境界是使用电子收款机及时掌握销售金额，并及时采购到较低价的商品，尽快以较高的价格售出，加速资金的流转以增加利润。但其得到的利润仅仅是基本利润，即商品的进、销差价。采购管理的根本缺陷在于无法把握商机，无法迅速得到所需的经营管理的信息来创造更高的利润，也无法提高商店的服务品质以吸引更多顾客。

销售管理实现了对商品的单品管理，每一种商品什么时候卖出多少、卖给谁、卖了多少钱等信息在销售的同时就被收集并及时处理。销售管理的好处在于能迅速正确地取得与销售经营有关的人、地、时、事、物各种信息，简化人工作业，提高工作效率，降低库存量，同时对各项信息进行处理并作出反应。销售管理的优点在于可减少经营管理上的人为失误，及时掌握畅销与滞销的商品，以制订适当的促销价格策略，合理制定商品的安全库存量，从而使商店的进、销、存管理更趋合理，最终获得更大的利润。销售管理的利润来源于三个方面，即：

销售管理利润 = 基本利润 + 管理利润 + 经营管理

3. 其他因素。现代商业所面临的经营风险较以往大大提高，体现在人力资源管理费用昂贵，营业成本增加，但商业利润却降低上，故传统的经验、拍脑袋的管理模式已难以适应。从另一方面来看，条形码及其应用技术完善，可真正投入使用，而计算机硬件设备和软件技术的发展给商业向现代化管理的转化提供了可靠的保证。

（四）引入 POS 系统的前提

商店使用 POS 系统的首要前提是商品的销售信息在商品售出的同时即刻正确输入计算机，这个要求涉及如下两个要素：其一是如何将有关商品的诸多信息既集中、正确地加以表示，又便于快速读出，且方法得到社会有关各方面的承认，人们愿意使用并认可其权威性；其二是如何将这些信息正确、快速地输入计算机并加以处理。上述两个要素中，第一个是方法问题，这个问题已由商品条形码的推广及普及使用所解决；第二个是设备问题，计算机硬件技术及条形码相关设备的发展与完善已使之成为可能。当然，商店要引入 POS 系统，还应考虑人的因素，包括有关企业领导和技术人员的重视。由此，可以总结出引入 POS 系统的前提条件：

1. 商店所销售的商品条形码化（包括使用原印码和店内码）。
2. 需要配置性能完善和实用的 POS 系统硬件设备；
3. 要有商店决策层人员的积极推动及一定数量的技术人员。

二、POS 系统的功能与效益

（一）POS 系统的功能

商业 POS 系统具有如下功能：

1. 对商品实行单品管理。管理到单品，是商业 POS 系统的最基本功能。完整的单品管理过程包括，商品的验收进货入库→由仓库到销售现场的商品转输→销售出货。在这一过程中任何商品的一切资料均纳入计算机管理，没有重复与遗漏，这是商业 POS 系统使用成功的基础。

2. 采购管理。POS 系统通过对安全库存量的控制，提供商品采购比价和历史销售信息，使商品采购决定更确切合理，从而有效控制进货与库存的成本。

3. 进货验收。利用采购单逐笔验收所采购的商品，并在 POS 系统的终端计算机上将采购单修正转为进货单，并直接由后台计算机修正总库存量及打印会计传票等。

4. 库存及销售现场管理。所采购的商品经验收后，可依计算机指示位置入库，也可根据每日销售报表将适当数量的商品从仓库补充到销售现场的陈列位置，这样既可避免商场缺货又不使商品的陈列太多。

5. 销售管理。由电子收银机提供商品销售单价，也可随时按需进行变价、折扣、赠送等促销处理，并将有关的数据随时输入计算机。

6. 盘点作业。利用 POS 系统的盘点机可以随时对商品进行盘存，并将资料送入计算机，由计算机将此资料与库存资料进行比较，并打印出盘点差异报表，再进行盘点，从而得出最新资料及确切的盘盈盘亏数据。

7. 厂商管理。在 POS 系统中建立厂商基本数据资料库，了解供货厂商的信用及合作程度，得以正确掌握商品的来源，做到供销平衡。

8. 会计作业。POS 系统可提供每日／月的营业账款统计，各进／退货厂商的应收、应付款及有关的报表，供有关人员参考。

9. 销售分析报表。在营业时，可通过 POS 系统对商店的销售情况作主动性的查询与分析，确实掌握销售动态，以便及时制订促销方案。营业后，POS 系统可及时做出每日的营业分析报表、时段及部门分析报表、毛利率分析、畅／滞销商品排行榜等，作为经营策略调整的依据。

10. 商店员工管理（附加）。一些 POS 系统同时还具有商店员工管理模块，以对商店的人事资料进行管理。建立商店员工的各项资料，包括员工的姓名、年龄、性别、工资、生日等，作为经理对员工加薪、升迁等管理的依据。

（二）POS 系统的效益

商店引入 POS 系统，必然会收到一定的经济效益，这些效益可以分成 POS 系统的硬件效益与软件效益两个方面。

1. POS 系统的硬件效益。硬件效益是指商店在引入 POS 系统后所产生的节省人力、减轻工作量、提高正确性、减少以至杜绝舞弊等而提高生产率的效益，具体表现在：

（1）引入 POS 系统后，可缩短就业人员的培训时间，以解决人员流动带来的困扰。因为使用了条形码阅读器和电子收款机，营业员不必花时间熟悉商品的分类和价格，只要经过 1～2 小时简单的培训，就能熟练地上岗操作。

（2）POS 系统使工作简单化、省力省时，在商品的进、销、存过程中，店员只要依照 POS 系统给出的指示进行操作即可，既简单又省力，还可以减少人为失误造成的损失，避免了销售过程中的全额计算，加快了收银的速度，提高了商店服务的质量。

（3）POS 系统设定的多种防弊功能，在很大程度上杜绝了舞弊的可能，从而大大减少了店员舞弊带来的损失。

根据美国 ABA 公司统计，商店引入 POS 系统后，可节省人力资源管理费用 20%～50%，由于国情不同，在日本、中国台湾等地的 POS 系统硬件效益比美国要低得多。

2. POS 系统的软件效益。POS 系统的软件效益包括节省费用与增加收益两方面，软件效益有时可用数值来衡量，即定量的效益，但大部分无法用数值来表示，只能确认其定性效益。

POS 系统的软件效益是通过对商店经营管理的完善所产生的效益。但同样的 POS 系统，由于各商店经营管理的基础有异，在不同的商店执行，可能产生不同的效果。1983 年美国食品公司对德克超市做的实验，证明了应用 POS 系统的软件效益可为商店提高 8% 的毛利。

POS 系统能产生软件效益基于以下几个原因：

（1）各种 POS 系统基本报表的应用，如商品销售分类统计表、单品销售统计表、业绩报表、厂商情况报表等，可给商店的进、销、存管理提供参考，使之更加合理。

（2）对应用采集的基本资料进行促销分析与商品损耗管理。在促销方面，可根据各单品销售情况制定折扣、变价等各种措施，增加销售量。在减少损耗方面，POS 系统可随时进行对商品的盘点，以降低不合理的损耗和库存量。商品的损耗可按以下公式计算：

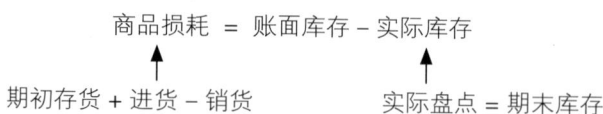

（3）对商业经营策略的高度利用及顾客管理的运用，可增加经营的效益。体现在以下几个方面：

①自动采购进货。POS系统可以做到将商品采购进货作业自动化，其作业过程分为商品进货量和进货点的确定，其中：进货量 = 期初存货 + 进货 – 销货 – 随机因素的百分比（自动计算得出）。

进货点 = 供货商情况综合分析的确定（商品价格、质量、在本店的销售情况、供货商的供货信用度等）

②正确的商品价格维护。根据商品的销售情况，及时进行商品价格的调整，增加促销。进行正确的商品价格维护。

③正确地把握库存信息。合理掌握和调整商品的库存情况，做到保证商品的最低安全库存量。

④合理的顾客管理。

（4）POS系统产生软件效益的连锁反应可简单的用图3-1来表示：

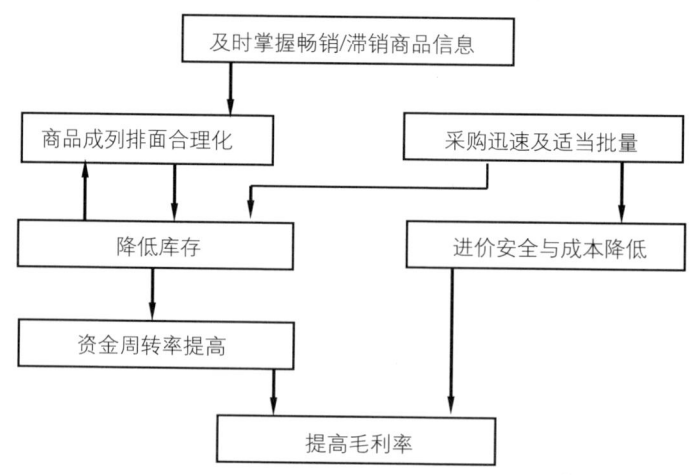

图3-1 POS系统产生软件效益的连锁反应框图

三、商场POS系统的硬件

POS系统的硬件设备随系统的规模大小不同而采用的数量和种类也不同，但可以将商场POS系统所使用的硬件设备大致分成前台设备和后台设备两部分。其前台设备主要用来进行商品销售，而后台设备则主要用来完成数据处理加工及其他功能。

POS系统用于销售的前台设备有：电子收款机主机，包括显示器、输入设备（键盘）、输出设备（打印机、顾客显示屏）、收银柜等；条形码阅读器、磁卡读入器（刷卡机）、电子磅秤等与条形码相关的设备；供电子转账用的智能信用卡读出设备；专用的销售票据打印机；传送数据的通信接口及专用连接设备。

POS系统用于数据处理的后台设备有：电子计算机及相关设备；与计算机配套的图文打印机；商品盘点机（配置条形码阅读器）；条形码打印机。

（一）POS系统的前台设备

1. 电子收款机

POS系统的硬件系统分成前台设备与后台设备两个部分，其前台设备主要由条形玛阅读器（Scanner）与电子收款机（Electronic Cashier Register，简称ECR）两部分组成，可完成商品销售与数据采集的工作。电子收款机具有如下功能：

（1）电子收款机接收条形码阅读器输入的商品条形码，然后根据此条形码搜索收款机内事先设置的商品数据库，找到该商品记录（如无此商品，显示相应提示）的内容，如品名、单价等，最后按本次实际销售数计算销售总额；

（2）按照实际的销售情况，打印出销售发票，一式两份，留档及顾客各一份。销售过程由显示屏同步显示供顾客监视，并完成收款、找零等工作，货款放入收银柜；

（3）收款机中提前可设置各种促销处理功能，例如折扣、折让、支票交易、改错操作、退货退款及营业员管理等，供用户使用；

（4）自动进行售后处理，将销售信息通过网络传送到前台终端及后台电脑，做进一步的处理，同时自动进行库存处理；

（5）按需打印各种分析报表，例如交易日报、月报、商品的单品报表、时段报表、收银员报表等，如图3-2所示。

2. 收款机用电子磅秤

电子磅秤是电子收款机的一种外接设备，可以使不定量包装的食品和生鲜果品等散装商品的销售信息，通过专用的转换器自动地送入收款机，并传输到POS系统的后台计算机进行处理。在使用时，较先进的电子磅秤还带有连接在一起的条形码打印机，如图3-3所示，散装商品可边称边打印出条形码，实现顾客自选、自称、自印的自我服务和自动识别功能。

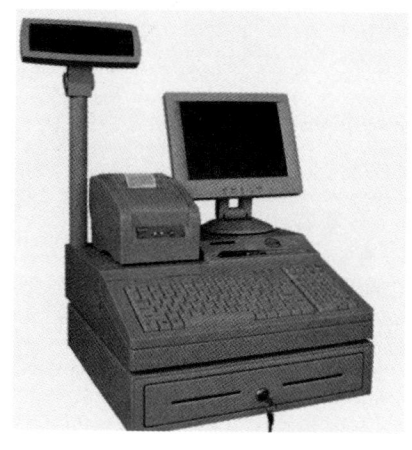

图3-2　电子收款机　　　　图3-3　收款机用电子磅秤

3. 磁卡阅读器（刷卡槽）

有的电子收款机将磁卡阅读器安装在主机上，也有许多将共作为外部设备供POS系统选择使用的，磁卡的种类较多，有操作员卡、信用卡、社员卡、优惠卡等。其中除信用卡是顾客持有用于消费的以外，操作员卡的使用使操作员识别密码的封锁及释放权限的判定得以自动化，而会员卡、优惠卡等为顾客到商店的购物提供了方便，各种磁卡的使用正是一种十分有效的促销手段，为商店带来了明显的效益。磁卡阅读器有时还用于商店和企业的员工考勤管理系统中。

（二）POS系统用于数据处理的后台设备

商场POS系统的后台设备主要包括条形码打印机、掌上型盘点机、后台计算机系统、服务器及网络系统等。

1. 商品条形码盘点机及其使用

商场销售点信息管理系统 POS 的一个很大的优点在于其可以在最大程度上减少商品的库存量，使商品的库存保持在安全库存量的范围内。安全库存的概念是商场的商品库存量既能保证正常的销售和商品陈列，不至于造成商品脱销，又能避免库存积压过多，从而减少资金的积压和商品的损耗。安全库存的结果是使商品的损耗降低到最低限度，同时使库存资金降到最低，从而使资金得以尽快周转。商店安全库存量要根据本商店的同期历史销售数据和当前商品销售的实际情况，以及一定的前期预测来决定。

要做到商场的商品在安全库存量的范围内，就要经常对商品进行盘点。而这一点对以前采用人工方式管理的商场来说是很困难的，由于商品的盘点需要花费大量的人力，人工管理的商店往往十天半月进行一次停止正常营业的盘点作业，往往还得不到正确的结果，造成的误差一般做商品的损耗账。商品的损耗以下面的等式计算：

商品损耗 = 账面库存 − 实际库存；

账面库存 = 期初存货 + 本期进货 − 销售数量；

实际库存 = 柜面陈列盘点数 + 仓库实际盘点数

在应用销售点信息管理系统 POS 进行商品的进、销、存管理的商场，商品的盘点很省力，其采用商品条形码盘点机进行盘点，可以随时进行。工作人员在销售现场或仓库用连接在掌上型盘点机上的条形码阅读器扫描商品的条形码，然后根据实际清点情况键入相应的数量，有关的商品盘点数据就存放在盘点机的存储器内，待盘点作业完成后将掌上型盘点机内的数据通过转换器输入计算机。不需停止正常的销售营业，花费的人力也少。由于可以经常地随时进行，因此盘点的结果一般较为正确，如图 3-4 所示。

2. 数据采集器

随着商业自动化应用的普及和技术的发展，厂家开发出许多新的条形码应用设备，近年来出现了多种主要用于商场和仓库的自动商品盘点处理设备，数据采集器就是这种功能强大的新一代的商品盘点设备。

数据采集器是把条形码识读器和具有数据存储、处理、通信传输功能的手持数据终端设备结合在一起的条形码数据采集器，简称数据终端。数据采集器具备了实时采集、自动存储、即时显示、即时反馈、自动处理、自动传输等功能，因此，数据采集器实际上是移动式数据处理终端和某一类型的条形码扫描器的集合体。

数据采集器按数据处理方式分为两类：在线式数据采集器和批处理式数据采集器；按产品性能可以分为手持终端、无线型手持终端、无线掌上电脑和无线网络设备等，图3-5 显示的是不同类型的数据采集器。

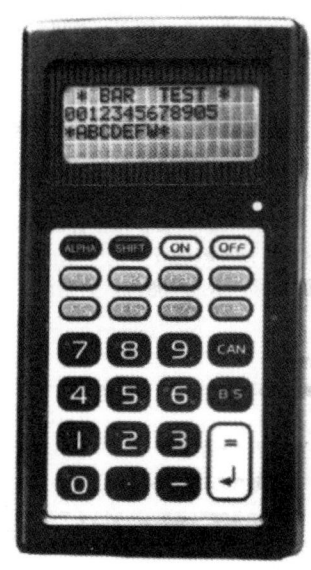 

图3-4 掌上型盘点机及其现场盘点的使用

图3-5 不同类型的数据采集器

四、商场POS系统

（一）商场POS系统的前台销售系统

POS系统的前台销售软件系统主要完成与POS系统的前台设备需求的参数设定、商品销售及数据传输有关的工作。

在一般情况下，电子收款机的销售商随机提供简单的前台销售软件。但是，用户往往需要按本系统的实际情况进行修改或完善。

1. 商品的销售功能。商品的销售功能应能顺利完成商品销售过程的有关操作和各种销售付款方式，包括现金、支票、信用卡等。前台软件应该支持上述各种功能；

2. 数据的统计功能。商品销售后的数据统计分析是十分重要的，前台软件应能在每日营业结束后或定期进行商品的销售统计、时段分析、收款员业绩统计、打印所需的统计报表等工作；

3. 系统的查询功能。POS系统的前台软件应能随时根据需要完成对商品的销售信息、进货信息及商品库存信息的查询工作。

从软件设计的性能来说，前台销售软件应采用弹性化的设计，以提高软件的适应性，例如，可根据商场的需求设定相应的参数。

1. 各种促销手段，如折扣方式、折扣率、限时销售特卖的时间和方式的设定；

2. 商品部门资料与部门销售权限的设定；

3. 售货员和收银员的设定等。

另外，前台软件应具有完善的防止舞弊的措施，使工作人员职责权限分明，通过各种软件锁定保证收款员和各级管理人员各司其职，如收款员的签到、签退、24小时营业和晚间自动结账等功能。

商场POS系统的前台软件还应考虑功能丰富完善可满足各类商店使用的要求，以及系统功能的完整性和可靠性。另外一个重要的性能是应使前台的销售操作方便易学，工作人员只需进行简单的培训即可上线操作。

（二）商场POS系统的后台管理系统

商场POS系统的后台管理系统应能协助经营者对商店进行合理有效的

管理，现代商业企业的经营者单凭经验和勤快工作并不能取得好的经营业绩，他必须随时掌握各种与商店经营有关的信息并合理地加以利用。一个合格的商店管理者应随时对商店的经营情况心中有数，比如他应随时了解下列情况：

1. 近期哪些商品卖得好？哪些商品销得不好？
2. 近期哪些部门卖得好？哪些专柜卖得不好？
3. 本商店近期库存哪些卖得好的商品？哪些赚钱的商品？
4. 根据近期的销售情况和库存情况，应采取怎么样的促销措施？
5. 本商店各种商品的库存量分别是多少？已被订购了多少？要不要立即进货？
6. 根据本商店的商品库存情况，如果要进货，应从哪些供应商进货？
7. 某种商品退货比例较高，原因是什么？
8. 应收账款太高，是否业务员不尽职？是哪些客户欠款较多？
9. 本商店的应收款和应付款冲账是否混乱？
10. 本商店的哪些员工工作较好？哪些员工工作不够尽职？

商店管理者要随时取得上述信息，应对所采集的各种销售数据资料进行有效的统计分析，然后根据得到的结果来完成管理决策。一般 POS 系统能通过后台软件系统完成对销售数据的统计分析：

1. 客层分析

（1）客层分析的定义：客层分析是指对与本商店有关的所有供销客户的情况资料进行有目的的分析，以了解客户的各种有关情况并进行处理。

（2）分析价值。了解本商店周围的经营环境和来客的层次，对本商店各客户层在本商店的购买力进行分析，掌握各层次客户来本商店购物的习惯时间，了解本商店各层次客户爱好的商品类型。商店管理者可根据分析得到的上述客户情况来做出调整本商店的商品种类的决定，根据客户来店的时间调整工作人员及进行相关的促销活动。

2. 时段分析

（1）时段分析的定义。时段分析是指将本商店的营业时间以每 1 小时或每 2 小时甚至每 15 分钟为单位时间段来统计商品销售的各种情况。

（2）分析价值。通过时段分析了解每一时段的来客数、购买笔数、销售金额等，分析顾客流动的高峰和低谷，以便合理掌握人员调度。通过单品和部门时段分析，掌握各种商品在各时段的大致销售量，以有目的地进行处理，特别是掌握生鲜食品和冷冻食品某时段内的需求量，以避免商品缺货和商品的腐败。

3. 销售分析

（1）销售分析的定义。销售分析是指对商店的商品销售数量和金额，配合商店的商品库存情况，进行产生毛利和商品周转率的分析。

（2）分析价值。通过销售分析取得本商店的销售日报表，进行销售分析以取得本商店各种商品的畅销/滞销的排行榜。商品的销售情况可按各种方式进行排行分析，例如排行分类可按全部商品、部门、商品分类等，排行次序可按销售金额、销售数量、销售毛利及毛利率等，从而对有关结果进行相应的销售决策。

4. 组合商品促销分析

（1）组合商品促销分析的定义。对每一个商品组合的促销结果进行统计。

（2）分析价值。对商品进行组合促销之目的在于销售，通过此项统计的结果与商品组合内某一商品之销售状况，可了解组合促销活动的成效及对公司利润所产生的影响。

5. 营业员或专柜分析

（1）营业员或专柜分析的定义。每次在销售前输入营业员或专柜编号，结束后即可根据编号产生营业员及专柜的业绩报表。

（2）分析价值。营业员分析可作为经理对营业员的业绩考核、奖金发放或员工管理的参考；专柜分析可作为对专柜的组成及管理的参考。

具体来说，商场 POS 系统软件的后台管理系统主要完成商场的进、销、调、存、退的管理及其他的有关管理，系统的功能模块一般包括往来厂商资料、顾客资料及本店员工的对应管理，以及有关财务管理和对应有关营业报表处理等。较好的系统还应考虑决策支持系统，对所采集的数据，进行加工处理，提供信息作为经营管理分析与决策的依据，从而更好地对商店进行合理管理。

　　商场的进、销、调、存、退管理模块应可以随时汇总其他相关的子模块提供的原始数据，加工成有参考意义的实时数据，如销售量、客流量、物流量、库存量、畅销和滞销商品的排行榜等统计数据，以及上述数据在历史上的同期比较数值，作为指导采购、订货、库存、商品价格制订策略、追踪合同执行情况等管理业务的定量参考数据。在本模块中还应包括商品代码的编辑打印、商品库存管理、供货厂商资料、主要客户资料的管理等子模块。商场的财务管理功能模块应可以实现对记账凭证的输入，并可以对输入的数据进行运算、存储、分类和检索等功能操作，完成财务会计的有关工作，包括进行资金管理、成本核算、总账维护和输出各种财务报表等功能。商场的员工管理模块应可以实现对商场全体员工的静态资料和动态信息进行管理、查询，输出员工的工资结算数据、业绩考核数据、奖惩数据及其他有关数据的功能。

第二节
POS管理系统设计与应用

一、POS系统简介

(一) 超市管理系统简介

我国的零售业正经历着一场革命，零售业正向规模化、连锁化和顾客导向化的经营方式发展，传统的零售业管理方式已无法适应这种发展的需要，作为商业自动化的一种现代管理手段，其作用和带给超市及其他零售业的利益将是十分巨大的。超市需要处理大量的库存信息，还要时刻更新产品的销售信息，不断添加商品信息，需要合理的数据库结构来保存不同种类的数据信息，需要有效的程序结构支持各种数据操作的执行。欧洲、美国等地早已经实现商店自动化的产品管理。商店自动化也是零售业管理的基础，最主要的特点是能够实时和准确地控制商店内的销售情况。如果能够实时掌握销售流程及销售情况，则可以有效地加速商品的周转率，并提高服务质量，可以有效地减少由于产品售价不符等所产生的一系列问题。顾客的消费要求是能基本购得所期望的商品，既获得有保证的商品质量，还要享受优质、方便的服务。

随着市场的国际化，市场对企业产品的质量和服务的要求越来越高，市场竞争日趋激烈，企业在竞争中面临着严峻的考验，部分企业甚至可能面临被淘汰的结局。企业要适应新的国内外形势在竞争中求生存，在生存中求发展，就必须提高企业的竞争力和抗风险的能力，加强企业内部的信息化建设，借助信息技术，提高内部运作效率和管理水平，在降低成本的同时达到提高企业竞争力的目的。而建立一整套完善适用的企业管理信息系统（Management Information System/ 简称 MIS）无疑是实现上述目标的有力手段之一，但是很少有针对具体企业的 MIS 研究，较少具体考虑企业的特殊状况，因而造成了实施成功率低、浪费严重的现象。因此，对企业 MIS 进行有针对性地研究，并由此构造一个具有代表性的系统构建方法将具有重要的实用价值。

超市是零售业的一种经营方式，作为一种现代商业模式，它的发展速度和业态模式的变化快得惊人，以至于目前学者们和商业界对超市概念的确切界定众说纷纭，不过作为一种目前流行并且迅速扩张的商业模式，它与传统的大型百货业存在着非常明显的不同。超市的管理采用快速网络技术，通过分布式大型数据库、前台收银 POS 系统、后台业务处理的 MIS 系统以及商品的条形码扫描技术建立起信息管理系统，使总部可以对下属机构的运作进行实时管理。超市 POS 管理系统包括采购单、打折、抹零、挂单、打印销售小票等功能。前台销售时，随意扫入任意一个商品的条形码即可自动调出此商品，并调出相应计量单位的辅助单价，支持开单过程中进行挂单处理，临时离开岗位时支持屏幕挂起，提供多种小票打印格式，软件本身采用开放式模块设计，提供对外接口，可方便进行二次开发，此外还具有良好的扩展性，以满足日后随着技术的不断发展而进一步扩展的需要。该系统的应用对整个超市管理系统至关重要。

（二）POS 系统简介

1. POS 系统简介

POS 就是 Point of Sales 的缩写，即销售时点信息管理系统。凡是能实现收款、退货、销售数据采集、查询、分析等功能的装置，都称为 POS。随着市场经济的发展，商家面临信息技术的挑战，每个经营者都想提高商品流通效率，降低经营成本，发挥规模整合效应。消费者对商品的需求日益多元化，商品种类多样化，商品经营方式更是连锁化和规模化，商品行为过程中信息也日益数据化。为了满足消费者的需求，合理处理信息数据，实现内部各个流通环节的密切合作，信息技术被广泛应用于激烈的市场竞争。因此，基于市场的需求，应用国外的先进技术和经营理念结合我国的

第三章 POS 管理系统设计与应用

商业现状,以"信息流、资金流、商品流、票据流"为主体的商业自动化管理系统,为商家企业走出信息盲区,进入科学经营提供了先进手段。在目前商业竞争愈演愈烈,并将由价格竞争向管理竞争过渡之际,各大商场纷纷在商场管理中引入商业 POS 系统,以提高自己的竞争力。POS 系统采用先进的计算机网络及数据库技术,并和现代化商业管理模式有机结合,博采众长,集技术的先进性和管理的有效性于一体,它不仅仅是一种管理手段,更重要的是,它将为企业管理者打开现代管理之门,为科学、高效、规范地进行商业管理铺平道路。

POS 系统也是一种广泛应用在零售业、餐饮业、旅馆等行业的电子系统,主要功能在于统计商品的销售、库存与顾客购买行为。业者可以通过此系统有效提升经营效率,可以说它是现代零售业界经营不可或缺的工具。通俗地讲,POS 系统其实就是记录下来何时、由谁、卖什么东西、卖给谁、卖了多少钱等信息,再将这些信息快速汇总整合成未来销售或进货等决策依据,供管理层人员参考与分析。过去传统的零售业者并没有好的工具统计商品的库存,特别是商店的商品动辄上千上万种,无论是订货还是库存管理都难以掌握,商家为了了解自身的库存状况,必须耗费大量人力盘点商品的数量,一些大型的零售业者为了管理的方便,往往要设计许多复杂的表格,导致成本上升,经营无效率。以日本便利商店业者来说,管理者可以轻易透过 POS 系统了解过去各商品每日甚至每小时的销售状况,甚至不用实际清点数量便可以知道店内商品的库存数,POS 系统甚至还与天气预报结合,提供来自公司总部的各种商品最新信息,管理者可以透过手持式的装置或是计算机得到这些数据,分析与预测未来可能的销售状况,从而作为订货的参考,如此可以减轻不必要的库存压力,也可以有效掌握顾客动向,进而提高销售额。

POS 系统是超市管理系统不可缺少的重要组成部分,尤其是电子信息技术的应用发展,使计算机在各行各业得到普及,POS 系统在商场、超市等零售行业也充分发挥着作用。这些商场、超市因货物品种繁多且购物的人流量大,所以迫切需要一套系统以实现商品的进、销、存,财务及人员等的一体化、自动化管理,以降低管理费用、经营成本,最终达到以最小的投资实现最大利润的目的。超市在流通中市场独立地位的确立，也是离不开 POS 系统的，超市对消费趋势的把握，对新消费需求的创造更离不开 POS 系统。超市将为市场提供更迅速、更精确、更有用的信息资料，为决策提供可靠的依据。超市就是凭借 POS 系统所把握的消费未来，主动地引导工业的生产。

2. POS 系统硬件结构

从硬件结构方面来讲，POS 系统主要依赖于计算机处理信息的体系结构。其硬件系统的基本结构可分为：单个收款机、收款机与微机相连构成的 POS 系统、收款机、微机与网络构成的 POS 系统。目前大多采用第三种类型的 POS 结构，它的硬件结构如下：

（1）POS 系统的硬件构成。POS 系统的硬件主要包括收款机、扫描器、显示器、打印机网络、微机与硬件平台等。

（2）前台收款机。前台收款机即 POS 机。可采用具有顾客显示屏和票据打印机、条形码扫描仪的 XPOS、PROPOS、PCBASE 等机型。POS 机可以通过共享网上商品库存信息，来对商品库存进行实时处理，以便在后台随时能够查询销售情况，对商品的销售进行分析和管理等。其中，可根据商品的特点选用手持式条形码扫描仪或台式扫描仪等，以提高数据录入的速度和可靠性。

一般情况下，大多数商场的信息交流状况都是内部信息的交换量很大，而对外的信息交换量则相对很小。因此，计算机网络系统应采用高速局域网为主、电信系统提供的广域网为辅的整体网络系统。与此同时考虑到系统的开放性和系统的标准化要求，选择 TCP/IP 协议较合适。操作系统应选用开放式标准操作系统。

（三）POS 系统硬件平台

对大型超市而言，由于商品的进、存、调、销的管理比较复杂，账目数据量比较大，而且需频繁进行管理和检索，选择较先进的客户机/服务器结构可大大提高工作效率、保证数据的安全性、实时性及准确性。

POS 系统的运行由以下 5 个步骤组成。

1. 卖场销售商品都贴有表示该商品信息的条形码或光学识别（OCR）

标签。

2. 在顾客购买商品结账时，收银员通过使用扫描读数仪来自动读取商品条形码标签或 OCR 标签上的信息，一般都要通过店铺内的微机来确认商品的单价、计算顾客购买总金额等。同时把这些信息返回给收银机，最后打印出顾客购买清单和付款总金额。

3. 各个分店的销售时点信息通过 VAN，以在线联结方式即时把它们传送给总部或物流中心。

4. 配送中心和分店利用销售"时点信息"在总部进行配送管理、商品订货、库存调整等作业，通过对销售"时点信息"进行加工分析，掌握消费者的购买倾向，并从中找出畅销商品和滞销商品等，在此基础上进行商品品种的配置、商品的陈列、价格的设置等作业。

5. 在零售商与批发商、生产厂家（通称为"上游企业"）结成协作伙伴关系的前提条件下，零售商利用 VAN 在线联结的方式，把销售"时点信息"即时传送给物流业者。这样物流业者（即上游企业）可以利用销售现场的最及时准确的销售信息制定经营计划，作为决策的依据。例如，生产厂家利用销售时点信息对销售情况进行预测，掌握消费者购买动向，找出畅销商品和滞销商品，通过对销售时点信息（POS 信息）和订货信息（EOS 信息）进行比较分析来把握零售商的库存水平，以此为基础制定出生产计划和零售商库存连续补充计划（Continuous Replenishment Program，CRP）等。

（四）POS 系统的组成

POS 系统包含前台 POS 系统和后台 MIS 系统两大基本部分。

1. 前台 POS 系统：前台 POS 系统可通过扫描设备，在销售商品时直接读取商品名称、销售数量、商品单价、销售时间、销售店铺名称、购买顾客信息等商品销售信息，从而实现前台销售业务的自动化管理和商品交易的实时服务和管理，并通过通信网络和计算机系统把有关数据传送到后台，再通过后台计算机系统（MIS）的计算、分析与汇总来掌握商品销售的各项信息，最终为企业管理者分析经营成果、制定经营方针提供科学依据，达到提高经营效率的目的。前台 POS 系统是超市管理系统的一个组成部分，在营销中，前台销售（POS）采用先进的 C/S 结构，实现销售前台与后台数据的无缝连接。系统将超市的销售情况随时汇总与传递到后台，及时准确地归集大量的销售单据。在最短的时间内提供巨细无遗的进销存数据，准确无误地计算出每种产品的销售数量、销售金额，做出详细的统计数据，让超市及时掌握销售信息。它的主要功能是商品销售开单、收款、交班、销售票据打印、交易挂账、结账处理，收款员登录系统可根据权限进行操作，退出系统时要先进行交班工作。

前台 POS 系统的功能：

（1）前台 POS 软件的功能

①日常销售功能。该功能完成日常的售货收款、记录每笔交易的时间、数量、金额等并进行销售输入操作等。在遇到条形码无法识别等现象时，系统还应允许采用手工输入价格或条形码号进行查询。

②退货功能。该功能为日常销售功能的逆操作。为了更好地为顾客服务，提高商场的信誉，在顾客发现商品存在问题时，允许顾客退货。退货功能记录退货商品的种类、数量、金额等数据，以便进行结算管理。

③交班结算功能。该功能能够完成收款员交班时的收款小结、大结等，计算并显示交班时的现金及销售情况，与此同时还能统计并打印出收款机全天的销售金额及各售货员的销售额。

④即时纠错功能。为了保证销售数据和记录的准确性，即时纠错功能允许立即修改更正销售过程出现的各种错误。

⑤支持各种付款方式功能。为了方便满足不同顾客的不同要求，该功能可支持现金、支票、信用卡等不同的付款方式。

（2）后台 MIS 软件的功能

①商品入库管理功能。为了实现对库存的查询、修改、报表及商品入库验收单的打印，商品入库管理功能可对入库的商品进行输入登录，建立商品数据库等。

②商品销售管理功能。该功能能根据商品的销售记录，对商品的销售、查询、统计、报表等进行管理，并能对各个收款机、收款员、售货员进行分类统计管理。

③商品调价管理功能。为了适应某些商品的价格的季节性变动和市场

情况等变动，该功能能对这些商品进行价格调整。

④单据票证管理功能。该功能能够实现对商品内部调拨、变价调动、仓库验收、残损报告、盘点报表等各类单据票证的管理。

⑤报表打印管理功能。打印内容包括时段销售信息表、营业员销售信息报表、部门销售统计表、退货信息表、进货单信息报表、商品结存信息报表等。从而对商品销售过程中对各类报表的分类进行管理。

⑥分析功能。该功能能够对进、销、调、存过程中的所有主要指标进行分析，同时还可以以图形和表格形式提供给管理者。

⑦数据维护管理功能。完成对商品资料、营业员资料等数据的编辑工作，如商品资料的编号、名称、进价、进货数量、核定售价等内容的增加、删除、修改。营业员资料的编号、姓名、部门、班组等内容的编辑。还有商品进货处理、商品批发处理、商品退货处理。支持各类权限控制，比如对收款机、收款员的编码、口令进行管理，同时它还可对本系统所涉及的各类数据进行备份，具备交易断点的恢复等功能。

⑧销售预测。包括畅销商品分析、滞销商品分析、某种商品销售预测及分析、某类商品销售预测及分析等。

2. 前台 POS 系统的特征：

（1）支持多种输入方式。键盘仿真条形码扫描，手工输入方式；

（2）支持全键盘操作。无须鼠标、键盘来回调换，简单易用；

（3）提供多种小票打印格式。提供逐行高速打印和逐张打印；

（4）支持多币种多收款方式。如现金，银行信用卡、银行储蓄卡、购物券、储值卡等多种收款方式，并且一张销售小票也可以采用多种收款方式；

（5）支持后台信息自动接收，随时更新商品资料、调价等信息；

（6）在 POS 机上刷入或输入销售商品品种，用 POS 机收银、打印销售小票；

（7）单品管理指一个具体的商品种类、品牌、型号规格、分类包装等至最低一级的分类。基本的过程包括商品的验收进货入库→由仓库到销售现场的商品传输→销售出货，这一过程的任何商品的一切资料均纳入计算机管理，没有重复与遗漏，这是商业 POS 系统使用成功的基础；

（8）自动读取指商品的销售资料的自动读取；

（9）销售时输入数据指要求商店的 POS 系统在每一个商品售出的同时输入并整理有关的销售数据资料。由电子收银机提供商品销售单价，也可随时按需进行变价、折扣、赠送等促销处理，并将有关的数据随时输入计算机；

（10）集中管理。POS 系统要求对各种商品销售信息集中管理；

（11）盘点作业。利用 POS 系统的盘点机可以随时对商品进行盘点；

（12）会计作业。利用 POS 系统进行会计作业；

（13）销售分析报表。通过 POS 系统的报表生成模块生成所需报表，随时掌握商场的状态，例如商品销售明细、会员消费明细等。

3.后台 MIS 系统也叫管理信息系统。它负责对整个商场的进、销、调、存进行管理，以及对财务、库存、考勤等进行管理。它一方面根据商品进货信息对厂商进行管理，另一方面根据前台 POS 提供的销售数据控制进货数量，达到合理周转资金之目的。同时还可统计分析各种销售报表，快速准确地计算成本与毛利。除此之外还可以对售货员、收款员等工作人员的业绩进行考核，给工作人员分配工资奖金提供客观依据。因此、前台 POS 与后台 MIS 在商场现代化管理系统中密切相关，两者缺一不可。

二、系统的需求分析

（一）系统的需求分析及设计目标

超市管理在发展过程中必须解决以下几个问题：

1.由于物流管理方式的落后，很难根据销售、库存情况，及时地进行配货、补货、退货和调拨。经过调查发现，有一家叫阳光的超市在物流管理方面，仍然在使用传统的人工管理模式，不仅浪费人力资源，效率低、准确率也很低。这家超市竟然有些商品非常紧缺，要排队购买或供不应求，顾客大为不满，但还有一些商品长期积压、损坏非常严重，不仅造成重大经济损失，还引起销售人员的极大不满。虽然多次向超市管理人员反映，但此类问题仍然屡屡发生，得不到根本性的解决，引起了总经理的高度重

第三章 POS 管理系统设计与应用

视。一般来说连锁超市以零售为前导，以商品进销、存配、流转管理为基础。特别是大型超市，它的物流管理非常复杂，如果没有强大的信息系统做支撑，那么势必就会出现一部分商品供不应求，而另一部分商品大量积压的局面，这种局面出现必然会给超市带来巨大的经济损失。有些超市为了避免这种情况发生，在物流管理投入大量的人力。虽然能够解决物流方面的问题，但又有悖于管理学原则，效率低，浪费了人力资源，解决不了根本性问题。所以，我们引入超市管理信息系统。通过互联网来加强超市与供货商之间的信息连通，帮助超市有效地进行物流管理。经过以上综合分析，特开发本系统，本系统必须具有以下功能：

（1）销售人员能够通过系统将商品销售量、商品库存量报告给经理；

（2）客户能通过该系统传达有关商品需求量的信息；

（3）超市经理能够通过该系统查询销售、库存、需求等信息；

（4）系统能够通过互联网与供货商交换或传递价格信息和需求量信息；

（5）系统能够做综合信息分析；

（6）超市经理能够随时查询数据分析，并做出相关决策。

2. 由于顾客很难与超市进行互动联系，购物效率大大降低。

顾客在进行购物时，最想了解的就是商品价格和商品质量信息。而在超市里，由于销售人员较少，顾客无法随时了解到相关商品的优缺点，当然也不能对商品的价格和质量进行直接对比，这样就在一定程度上降低了顾客对商品的购买欲望。此外，还有很多顾客由于对超市里货物的摆放位置不十分了解，常常为找某个商品耽误很多时间，给购物造成很大不便。还有一些较大型超市，收费台在购物高峰期拥挤不堪，排长队，收费速度跟不上。另外，还有一些超市虽然有专门针对会员的服务，管理会员却问题多多，服务跟不上。经调查，像麦迪这样的超市，由于规模较大，上述这些问题都存在，而且还比较严重。

针对以上问题，开发了前台（POS）管理系统，使顾客购物更加方便，该系统必须具有以下功能：

（1）必须要建立 POS 零售系统；

（2）必须允许顾客可以从导购台，或通过触摸屏等，查询到商场介绍、营业区的分布、商品购买指南等信息，最好能够做到声文并茂，当然预查询信息也可以定制；

（3）必须通过安装条形码扫描仪，使顾客能够在查询机上查到相关商品的价格、有关商品的证书等。通过输入密码，超市收银人员可以进行盘货，核对价格；

（4）必须支持多种收款方式，比如顾客交款、营业员交款；

（5）必须支持会员制、折扣卡销售制，可以采用严格会员制或自由会员制；

（6）必须具有记录顾客信息、累计顾客消费金额等功能；

（7）必须支持多种付款方式，比如，现金支付、支票支付、信用卡IC卡支付、信用卡磁卡支付、记账、赠券等；

（8）必须支持多种促销方式，比如，折扣、折让、VIP优惠卡、赠送等；

（9）必须允许退货及错误更正；

（10）前台交易开单、收款、退货、会员卡、折扣和优惠等。

3. 系统安全问题

虽然信息系统功能强大，技术先进，但是由于受到自身体系结构、设计思路以及运行机制等因素的限制，也隐含诸多不安全因素。常见不安全因素有数据的输入、输出、存取与备份，源程序以及应用软件，数据库，操作系统等漏洞或缺陷，硬件、通信部分的漏洞，企业内部人员因素，病毒，"黑客"等。因此，为使本系统能够真正安全、可靠、稳定地工作，必须考虑如下问题：

（1）为了不致使系统遭到意外事故的损害，确保安全，系统应该能防火、防盗或防止其他形式的人为破坏；

（2）遇到严重问题时系统应能重建；

（3）系统应该可审查的；

（4）系统应该能够进行有效控制，抗干扰能力一定要强；

（5）系统使用者的使用权限必须是可识别的。

4. 系统实现目标。通过对超市的销售需求进行分析，制订如下几点目标：

（1）本系统操作界面简单，容易操作；

（2）POS 系统能准确、迅速地获得商品销售信息，有助于调整进货和商品结构，减少营业损失；

（3）POS 收银机会自动储存、整理所记录的全日销售资料，可以反映每一个时点、时段和即时的销售信息，作为提供给后台电脑处理的依据；

（4）POS 收银机上的小型打印机可打印出各种收银报表、读账、清账和时段部门账；

（5）POS 系统能迅速而准确地完成前台收银的工作，同时能保存完整的记录；

（6）可作为营业时间带管理，以合理地配备营业人员，节省人工费用，大大节省营业人员编制报表的时间，有益于现场实际销售作业；

（7）使用登录口令，以防止各主要数据库信息的丢失和非法操作。

（二）运用 POS 系统对销售的益处

1. 运用 POS 系统这一现代科学的管理手段，可为超市提供更迅速、更精确、更有用的信息资料，超市对消费趋势的把握，对新消费需求的创造也更离不开 POS 系统。超市就是凭借 POS 系统把握消费的未来，主动地引导工业的生产。

2. 运用 POS 系统会大大降低超市的库存并提高销售的能力，大大提高商品的周转率和毛利率，准确地把握投向市场的商品种类、数量和价格，减少商品库存量和商品降价量。

3. 我国的零售业正经历着一场革命，零售业正向规模化、连锁化和顾客导向化的经营方式发展，传统的零售业管理方式已无法适应这种发展的需要，作为商业自动化的一种现代管理手段，POS 系统的作用和带给超市及其他零售业的利益将是十分巨大的。

三、系统总体设计

为了提高系统的利用率，所有子程序的执行都必须由主程序去调用，在进入系统主程序时，系统检查用户的权限，进入主程序后再调用子系统的基本框架如图 3-6 所示。

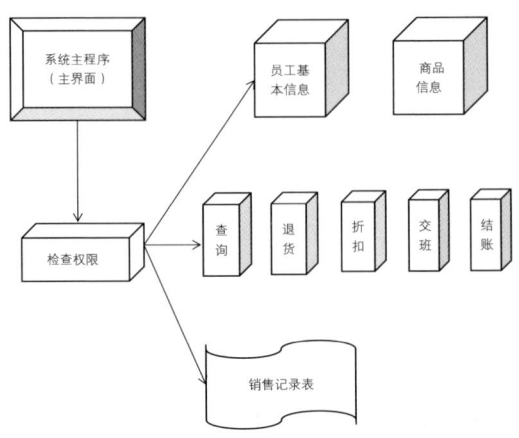

图3-6　主程序组成模块框架图

（一）系统的设计

系统的功能最主要的有销售、查询、结账、退货，所以设计时应重点考虑超市可能使用到的功能，功能越简单越易操作。前台POS系统主要包括4个模块，即商品信息设置、商品查询、销售结算、当前销售商品列表等。大致如图3-7所示。

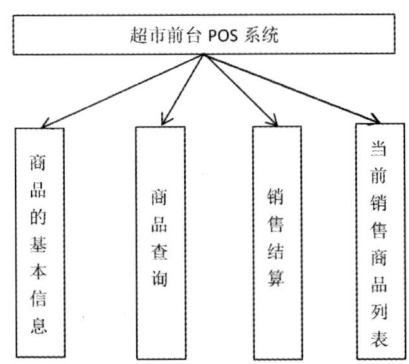

图3-7　系统总体设计图

（二）数据库设计

1.数据库概念结构设计

在一个应用系统中，数据库的地位是非常重要的，是一个系统正常运行的基础。数据库设计分为数据库的概念结构设计和数据库逻辑结构设计。

本设计规划出的实体有商品信息实体、员工基本信息和销售信息，各个实体具体的描述如图3-8、图3-9和图3-10。

图3-8　商品基本信息图　　　　　图3-9　员工基本信息实体图

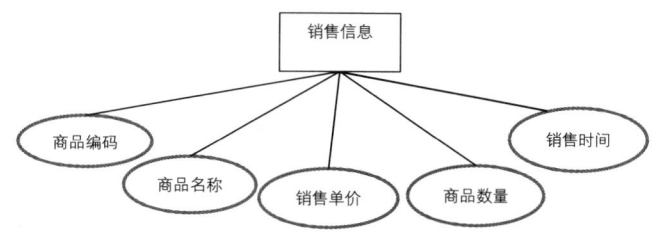

图3-10　销售信息实体图

2. 数据库逻辑结构设计

数据库的概念结构设计完毕后，可以转化为某种数据库系统所支持的实际模型，也就是数据库的逻辑结构。基本数据表文件就是一般最基本的数据要存储的位置。基本数据表文件最大的特征是其中的数据几乎都是别的数据表关联过来的，所以基本数据表文件是整个程序中必须要有，而且保持完整的基本数据。设计基本数据表文件，要先了解基本数据表要记录哪些数据，例如产品数据表文件要记录产品编号和名称。

表 3-1 商品信息表

编号	字段名称	类型	长度
001	商品编号	文本	4
002	商品名称	文本	50
003	商品品名	文本	50
004	商品价格	数字	单精度型

商业自动化技术与应用

表 3-2 职工信息表

编号	字段名称	类型	长度
001	用户编号	文本	4
002	用户名	文本	50
003	用户密码	文本	6

表 3-3 销售信息表

编号	字段名称	类型	长度
001	商品编号	文本	4
002	商品名称	文本	50
003	商品品名	文本	50
004	商品价格	数字	单精度型
005	商品数量	文本	3

（三）系统的实现

前台功能最主要的是销售和结账，一般销售时，结果都在前台销售主界面，不论是否结账完成，最后都要回到前台销售主界面，因为销售主界面是中心。前台的程序设计，具体如图 3-11 所示。

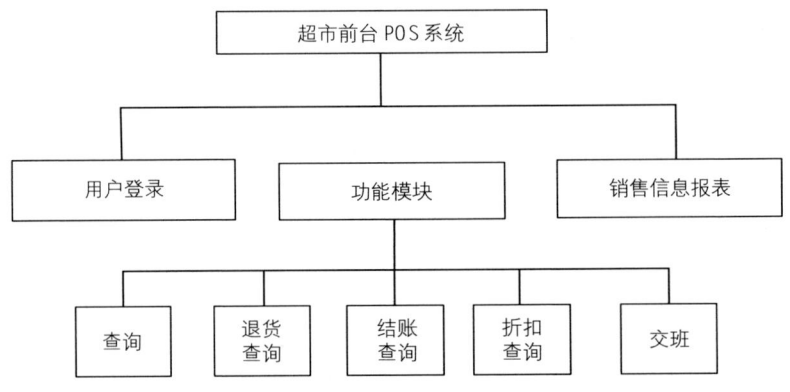

图 3-11 系统功能模块图

1. 系统模块的实现

要进入系统首先要有登录窗口，在这里设置员工编号和员工密码输入口，除了员工，以外其他人不能登录，每个员工都有自己登录 POS 系统的编号和登录密码，如图 3-12 所示。

第三章 POS 管理系统设计与应用

输入自己的代码如"9999",系统提示输入口令(或密码),系统进行人员及口令校验,校验通过则继续操作,进入前台菜单。此时系统启动完成,进入前台销售系统,如图 3-13 所示。

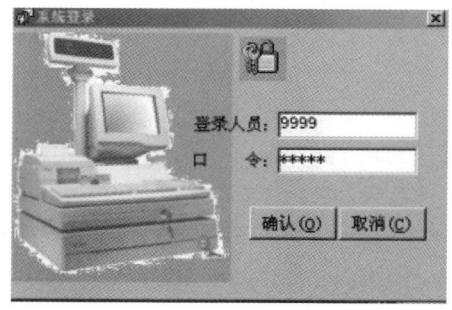

图3-12　前台POS系统登录窗口　　　　图3-13　前台销售系统

2. 销售模块的实现

前台主要完成前台销售、优惠等操作,如图 3-14 所示。

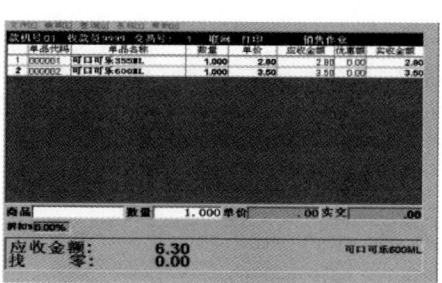

图3-14　前台的主要操作

进入销售作业,系统显示如图 3-14 所示信息。在此窗口显示交易号、收款员代码、收款机号、网络状态、打印状态及销售明细浏览区,如特显区、优惠区、应交款区、操作提示区等信息。

交易号:标记今天的交易次数(结账来客数),同时死机后只需重新打印小票,必须知道其交易号(交易完成后该序号自动加"1")。

收款员代码:如不是正在操作的收款员代码,则数据结转处理时会出现各收款员收款数据与现金对不上(保证当前操作为自己的代码,否则需与系统管理员联系)。

收款机号：需保证收款机号的唯一性，即在同一商场内不应该存在相同的收款机号，否则与系统管理员联系；网络状态指现网络是否联网，联网时后台信息有变更，可自动下传数据或通过手动数据更新下传数据，联网可保证前后台销售数据一致。脱网时，前台启动本地销售系统，此时即使后台有信息变更，前台也不会有任何反应，即为单兵作战，需通知系统管理员，在网络正常后重新启动计算机。此时会出现如图所示处理未联网数据，需一直等，直到出现人员代码输入为止。不准在此时关机重启否则会造成短款，在一天的数据结转处理前，需保证网络正常，且不存在未联网数据。

打印状态：指拥有打印机的条件下，可进行打印或不打印状态的切换。在交易打印时如出现没有打印出小票，其可能的原因：打印机电缆没有安装好；电源没有开；打印状态为不打印；是否为联机状态。

会员代码：该商场进行会员管理时，需通过激活会员区，输入会员代码。

数据录入区：该区为输入商品代码、销售数量、售价（如该商品为改价销售时，可以更改其售价）。销售数量默认为1，如需修改可到修改记录处通过键盘 N 键切换。商品代码输入区可对销售条形码及商品代码进行转换，如 13 位条形码扫描时有问题可通过手工输入 13 位条形码确定是否存在该商品，如不存在需通知微机室。各操作键介绍：

F1 结算：可通过其对已输入的商品交易进行合计得到应交款。如需重新增加商品、修改商品、删除商品可单击 ESC 键（结束键）返回商品输入区。

F2 口令保护：收款员暂时离开时，可保证不被其他人使用，如，钱箱无法打开，只有口令才能解锁，避免其他收款员用自己的代码及口令进行操作。

F3 及时更正（删除）：在交易中删除一条商品记录，并在该交易商品记录的数量前加负号标记，在销售浏览明细窗口增加一条数量为负的记录。

F4 过时更正：需对本笔交易中非上一条销售记录进行删除，单击此键，在过时更正提示框中必须输入需更正交易商品的序号，并在该交易商品记录的数量前加负号标记，在销售浏览明细窗口增加一条数量为负的记录。

F5 开钱箱：指在款台间换钱或交款时打开钱箱，但需口令检验。

F6 全部取消：对作废的交易整体删除，需通过收银主管。

F7 单品优惠：在交易操作中，可通过其对已输入的商品进行优惠，需收银主管以上级别有此权限的人在输入代码及口令检验正确后执行。此处为优惠金额并非优惠率。

F8 折扣：可通过其对大宗客户进行整体打折，需收银主管以上级别有此权限的人在输入代码及口令检验正确后执行。

F9 会员：在未结算前可通过其激活会员代码输入区，对会员卡的累计消费、享受的折扣率、储值余额等进行查询。在结算后可通过其激活会员代码输入区。商场可通过此功能为会员或购买者进行会员折扣、会员储值卡结算、积分累计等。

F10 多种付款：在 F1 结算后，激活其可进行支票、礼券、银行信用卡等的结账。用支票收款时需等额收取，不能退货也不能退现金（根据购物小票）。用礼券应等额收取但多加不找零，不够时需补现金。完成后可通过再一次单击 ESC 键返回。用银行信用卡收款，如商场接入银行的各种收款机，在刷卡后需将刷卡金额输入该处以备对账。

Ctrl+P 打印切换：在切换到"不打印"状态时，交易将不打印收款小票，可减少费用。

F11 挂起：进行购买结算时，换货或购物提货单不足时选货，打印挂起凭证，为解挂时提供依据，提高销售速度。

F12 解挂：对挂起的信息进行解挂，需正确的交易号及金额。

在交易过程中，销售明细浏览区所显示的交易记录满一屏，可通过 PageUp 与 PageDown 进行翻页浏览。回车键为确认、ESC 键为返回上一个操作、TAB 键为切换。

3. 退货模块的实现

在交易完成后进行退货操作。退货时需有此权限的人员操作，退货为正常交易的负操作，如图 3-15 所示。

4. 盘点模块的实现

通过前台执行此项操作，输入盘点编号，在数据录入区输入库存商品代码及库存数量进行库存盘点作业，如图 3-16 所示。

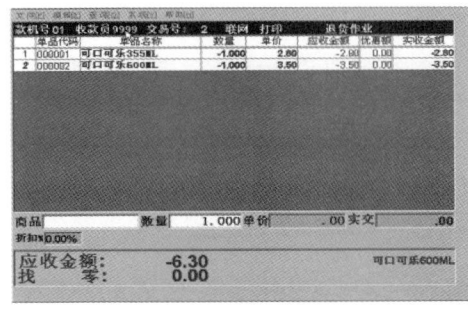 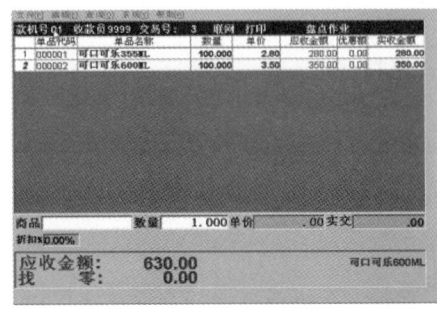

图3-15　退货操作　　　　　　　　图3-16　盘点操作

四、系统测试

对软件质量的保证要贯穿于软件开发的全过程，最关键的步骤之一是软件测试。软件测试是对软件开发过程中的规格说明、软件设计以及编码的最后复审。其目的是在软件产品交付之前尽可能发现软件中潜伏的错误。经过大量的相关统计表明，软件测试工作量一般要占软件开发总工作量的40%左右。这个阶段要用来测试程序，找出系统 Bug 并修改错误。虽然每个模块在开发的过程中都进行过阶段性的测试，但是现场整体测试更接近将来系统投入使用的情况。

测试系统方法包括超市管理系统中前台 POS 系统的静态分析和超市管理系统中前台 POS 系统的动态测试，设置静态规则以预防非法代码的出现，满足相关标准和规范。动态测试常用的方法包括组件及 POS 系统单机白盒测试、POS 系统联机网络黑盒测试、实际数据联机测试等。

白盒测试也被称为结构化测试，它是基于代码的一种测试。白盒测试主要有四个方面，第一是保证模块中的所有独立路径至少被使用一次，第二是对所有逻辑值均需测试 True 和 False，第三是在上下边界及可操作范围内运行所有循环，第四是检查内部数据结构以确保其有效性。

黑盒测试是从用户的角度，从输入数据与输出数据的对应关系出发进行的。从理论上讲，软件黑盒测试只有采用穷举输入测试，把所有可能的输入都作为测试情况考虑，它主要包括功能不正确或遗漏、界面错误、数据库访问错误、性能错误、初始化和终止错误等。

在系统登录方面，主要进行安全测试，测试密码不可被默认记忆，但用户名需要被默认记忆，另外还包括系统进入后如长时间不操作将需要重新登录的测试。

在数据录入方面，主要进行数据的新建、编辑、删除等操作，其中特别对多用户在新建的同时保存进行了测试，判断其流水号的连续性。

查询方面，主要测试查询的速度、准确性，另外如果输入特殊字符（如"％""&"等）是否会导致报错等问题。

POS 系统的黑盒测试工作做的比较多，主要包括系统登录、数据录入、数据查询、数据备份、角色切换等。

POS 系统的白盒测试重点在于对每一个主要的函数进行全路径测试，在不同的条件下进行跟踪代码，保证关键性程序的运行效率和全面性。

测试时首先对各个模块的功能进行测试，对照需求分析逐个测试系统的功能；然后对照数据库的内容察看各个查询功能反馈的结果是否准确；最后整体运行系统，测试各个模块之间的衔接是否会对系统的整体性能产生影响。为了测试程序的强壮性，还可以在测试过程中故意输入一些错误的数据，保证系统能够自行处理这些错误，确保系统在日常的使用中不会由于工作失误而无法运行。

第四章
大中型商场的管理信息系统

第一节
大中型商场的管理信息系统（BMIS）概述

一、大中型商场经营管理的特点

按照经济学的原理，在一定的范围内，商业企业的规模越大，其经营成本就越低，经营的风险也越小，因此，现代商业企业的发展具有大型化的趋势。然而，由于大中型商场涉及面非常广泛，因此，在经营管理上也相当复杂。大中型商场主要有以下几个特点：

1. 经营商品种类繁多。一般大中型商场经营销售的商品形式各异，许多商店经营几万种甚至十几万种商品。

2. 商场营业面积大。大中型商场的营业场地面积一般很大，以多少万平方米为计，有的还分布在几个不同的楼群或不同的地区。

3. 经营方式多种多样。大中型商场经营的方式也是多种多样，常见的经营方式有经销、代销、批发、出租柜台、柜组（台）承包、场地出租等；付款方式有一次性付款、分期付款、礼券、购物券等；促销方式有打折、折让、赠送等。

4. 业务管理范围广泛。大中型商场的业务管理范围除了包括对商品的进、销、调、存、退等进行经营销售管理以外，还有较复杂的员工管理及其他管理工作。

5. 对内对外的联系多。大中型商店对内对外的联系较多，包括供应商、销售顾问、上级部门、下属分店、银行往来、运输单位、左邻右舍等，因此而设置的各种业务部门也较多。

6. 信息量大而且处理复杂。大中型商店在经营管理方面涉及的信息量大，数据的流程关系复杂。因此，在进行数据处理时遇到的困难较多。

二、大中型商场经营管理的层次结构

从大中型商场经营管理的特点可以看出，大中型商场的业务范围广泛，经营管理的部门层次较多，而且一般商场采用多级核算、多级管理的模式，为满足各种应用需求，信息量巨大，各管理部门对所采集信息的功能要求也是不同的。一般来讲，大中型商场的综合管理对信息的需求可以自上而下分为四个结构层次，即辅助决策层、经营管理层、操作管理层、事务处理层。对数据信息的需求和相应的作用以及涉及的有关人员组成了一个金字塔，结构如图4-1所示。每一层次要用到其下面层次的数据信息和本层次新的数据信息，经处理后生成本层次操作和决策所用的信息以及供上一层次所需要的数据和信息。

在这个层次的结构中，辅助决策层是企业的最高决策层，在这一层要解决"Why"，即"为什么"的问题。它要根据企业内外的各种情况作全面的分析，制定企业的战略性计划，确定企业的中长期目标和政策（一般为3~5年）。本层次涉及的信息有新市场的长期预测、经营设备的最优配置、减少库存的模型和方法、企业的财务预算、员工的需求预测等。这些信息的来源为企业外部的本行业、国际和国内的有关领域，以及企业内部各种来自下层的信息和经过加工的当前信息和历史信息。数据信息的处理是广泛的和宏观的。

	所需要的信息	管理能力	涉及的人员
辅助决策层	用于战略性计划和决策的管理信息	企业发展和投资的中远期决策	总裁/经理、外聘专家等最高决策者
经营管理层	用于战术性计划和决策的管理信息	近期的促销、采购等经营决策	商店业务经理等高层管理者
操作管理层	用于日常运行计划和控制的管理信息	日常的进、销、存和财务的管理	部门、分店等中层管理者
事务处理层	进行日常事务处理和查询的管理信息	具体的进、销、存统计、查询操作	柜组长以下营业员等下层操作者

图4-1 大中型商场信息需求与管理的金字塔结构

经营管理层处于结构中的第二层，主要解决"How to do，即做什么怎么做"的问题。它要根据企业的战略性计划和总目标，具体安排企业内的各种资源，制订计划、进度表，并组织完成和加以监督执行，一般均针对当前或近期的工作，目标较明确。本层次涉及的信息有精确的市场预测、现有的订货安排、周期性的各种综合报表、各部门的财务报表和人员结构安排等。这些信息来自企业外部的供、销客户资料、各种有关材料及商品价目表等。对数据信息的处理有较高的精度要求，具体表现为目标明确，工作量较大。

在层次结构中处于低层的是操作管理层和事务处理层，是企业中执行日常具体的运行性计划的层次。该层次按照经营管理层制定的计划和任务，有效地利用企业现有的设备和资源为完成任务和计划而进行日常和重复的经营操作活动。本层次涉及的数据信息是具体的精确数据，如商品的进、销、调、存、退的数据，以及经营的成本记录和人事资料等。这些数据资料来自企业内部。

三、大中型商场的信息分类和采集

大中型商场要科学合理地进行经营管理，必须及时地获取各种与本商场经营管理相关的数据信息，然后对这些数据信息进行有目的的处理分析，并将分析结果作为企业各项经营决策的依据。因此，商场经营管理信息的采集与管理，对企业来讲是十分重要的。我们可以按信息的来源和商场对信息的需求这两个不同的侧面对商场众多的数据信息进行分类。

（一）按数据信息的来源分类

与商场经营管理有关的数据信息是十分广泛的，其来自许多方面，大致可以将商场的数据信息分成如下六种类型：

1. 环境信息。来自与商场的产、供、销及消费者有关的各种环境，诸如商场周围的人文环境、商场顾客的人口结构及购买力、国家的有关方针政策、金融和信贷情况、市场的发展情况、上级部门的有关意向及各种突发事件等。

2. 市场信息。市场信息对商场经营是十分重要的，诸如市场需求、供应商与客户情况、市场价格与物价水平变化趋势、新商品的面市等。

3. 竞争信息。与本市场的经营有关的竞争对手的信息，包括竞争对手名单、竞争的实力与策略、竞争对手的长处和不足、环境条件对本商场和竞争对手的影响等。

4. 商场内部的信息。本商场的内部信息包括商场的资金情况、进销存情况、员工的结构和素质、商场的外部支持、商场的经营管理水平、商场近期和中远期的计划等。

5. 预测信息。指与商场今后的经营和发展有关的各种预测信息，包括社会、经济、科技的宏观预测信息、市民的经济收入的增长、未来财政金融的动态、市场预测情况、中远期的气候情况、商品价格变化趋势、各种与商场经营发展有关的风险预测等。

6. 反馈信息。商场采取的任何经营管理方案实施后，来自社会各方面诸如产、供、销、存及社会公众和上级部门的各种信息反馈，并在此基础上加以分析和采取对策的结果等。

（二）按商场对数据信息的需求分类

根据前面的分析，在大中型商场经营管理和信息需求的金字塔层次结构中，各个层次对信息需求和对信息的相应处理是不同的，具体情况如下：

1. 事务处理层。大中型商场的事务处理层面向商场业务处理中的商品进货、仓储运输、物价管理、质量管理、商品零售、职工人事和业绩等日常事务处理工作，主要任务是采集各类商品的进、销、存、退的基本数据并进行相应的初步处理，建立起基础业务信息，完成业务数据及单据的流转和派生，形成商场的基础数据库，满足本层次的销售、库存、财务、统计和查询等业务的需要，同时生成提供上一层次即操作管理层业务需要的经初步处理的进、销、存和财务数据。本层次涉及的人员是基层的具体操作管理人员，如柜组长以下的营业员、仓库管理员、收银员和其他下层工作人员等。大中型商场事务处理层的主要信息需求有商品编码信息、商品物价信息、商品基本信息、商品进货基本信息、商品销售基本信息、商品调拨基本信息、商品库存基本信息、供货厂商基本信息、合同信息、职工考勤、劳务信息、商品经营信息、商品数量及金额信息、顾客信息。

2. 操作管理层。大中型商场操作管理层面向商场的业务管理部门，通过利用商场采集的基础数据对下层业务活动进行有效的管理与控制，根据事务处理层提供的经初步处理的数据信息制定用于商场经营性的进、销、存计划，并实时掌握所有商品的进货量、销售量、库存量等，生成上一层次需要的数据信息，如提供各类统计分析日报、月报、季报、年报等，并形成基础管理数据信息库。本层次涉及的人员是商场的部门经理或分店及延伸店的经理等。大中型商场操作管理层的主要信息需求有商品进货量、销售量、库存量信息；商场的财务信息；各类计划信息；商品统计信息；核算信息；经济指标分析信息；各种报表信息。

3. 经营管理层。大中型商场经营管理层面向商场的各职能部门及各部门的管理者，对来自下两层的数据信息有一定目标地作进一步的加工处理，将所得的结果作为商场经营管理的战术性计划和决策的依据。例如短期促销方案、紧急采购等。并同时生成提供商场最高决策者经营管理决策所需的各种分析、预测等数据信息。本层次涉及的人员为商场的业务经理和高级管理人员。大中型商场经营管理层的主要信息需求有计划信息、统计信息、财务信息、企业经济指标计算及分析信息。

4. 辅助决策层。大中型商场的辅助决策层面向商场的最高决策者。本层次提供的信息既需要来自企业外部环境，又需要下面三层信息系统传递来的信息。并在这些信息的基础上，应用各种数学模型和管理模型进行进一步的加工，而得到本层次用于做出战略性计划和决策的信息，以对企业的今后发展和重大投资进行最后决策。本层次涉及的人员是商场的总经理、总裁、董事长等企业最高负责人和本企业所聘请的专家。大中型商场企业辅助决策层的主要信息需求有商场的各种综合信息（内部、外部）；商场经营管理所需的各种分析方法、分析工具、分析模型；提高商场经营管理水平的各种预测方法、预测工具、预测模型；进行商场管理决策所需的改正决策方法、决策工具、决策模型。

（三）数据信息的采集

可以大致地将大中型商场所需要的众多数据信息分成商场的内部信息和外部信息两大部分。而内部和外部信息的采集主要可以通过两个不同的途径。第一个途径，即商场的内部，主要依靠商场的 POS 系统进行基本的实时采集，其他数据可以取自商场信息管理系统的数据资料库及生成的数据处理结果；第二个途径主要来自采集外部，可以通过大众传播渠道、行政业务渠道、社会信息网络、人际关系网络等进行采集，并及时将采集到的信息输入本商场的信息管理系统的相关数据库，然后进行相应的预处理并输入系统中的经营决策子系统，以便决策者据此做出正确的经营决策。

四、大中型商场管理信息系统（BMIS）的管理功能

通过上面的分析可以看到，大中型商场经营管理所需的信息是广泛和复杂的，而这大量的信息需求来源于商场经营管理的四个不同的层次，各层次的管理部门按照本层次的管理功能对所采集的数据信息的处理也是不同的。

在大中型商场管理信息系统（BMIS）中，各管理层次的管理功能如下：

（一）事务处理层的系统管理功能

1. 商品编码管理；

2. 商品物价管理（定价、调价）；

3. 商品进货管理（进货、退货）；

4. 商品零售业务系统管理（POS）；

5. 商品批发业务系统管理；

6. 进货合同管理；

7. 商品销售管理；

8. 商品库存管理（串号冲正、数量损益、内部调拨）；

9. 商品账管理（数量、金额账）；

10. 仓储管理（实物库存账）；

11. 查询系统。

（二）操作管理层的系统管理功能

1. 核算管理；

2. 财务管理；

3. 账务管理；

4. 工资管理；

5. 固定资产管理；

6. 财务计划；

7. 财务分析；

8. 财务报表；

9. 统计管理（内部、外部）。

（三）经营管理层的系统管理功能

1. 计划管理；

2. 财务管理；

3. 内部银行管理；

4. 人力资源管理；

5. 统计管理；

6. 查询系统；

7. 分析系统。包括进货分析、销售分析、库存分析、商品流转分析（零售/批发品流转分析、商品储存及周转速度分析、商品流转预测分析）；资金分析（全部资金周转分析、经济效益分析）、流通费用分析、流通费用项目分析；利润分析（利润完成情况分析、利润影响因素分析）；劳动效率分析；市场分析（市场供求与价格分析、市场调查分析）；经营决策分析；综合管理分析。

（四）企业辅助决策层的系统管理功能

1. 分析子系统；

2. 经销分析；

3. 定价分析；

4. 调运分析；

5. 库存分析；

6. 投资决策分析；

7. 效益分析；

8. 预测系统；

9. 商品流转预测。

五、大中型商场管理信息系统（BMIS）的效益

从对大中型商场经营管理层次结构各层次的信息需求和商场管理信息系统（BMIS）管理功能的分析得知，大中型商场的管理信息系统（BMIS）必然是一个较为复杂的大型管理信息系统，其在管理上涉及的面广，所需要的投入必然也较大。但是，面对越来越激烈的竞争这种竞争多是在高层次即商场管理上的竞争，商场迫切需要建立起能完成快速响应的计算机信息处理系统，来及时调整商场的经营管理决策，以获取更大的经济效益，这就是前面讲过的对经营利润的追求。对大中型商场来说，如果有一个好的管理信息系统（BMIS），则立即会在下列几个方面产生直接的经济效益：

1. 使经营管理更趋合理。

2. 加速资金的周转。根据系统的数据分析结果，可以对进销、存进行合理的管理，最大限度地减少资金的占用，从而加速资金的周转；

3. 合理的资金管理。通过管理信息系统（BMIS）的财务管理子系统，建立商店的资金管理中心，使资金在商场内部相互调剂，及时与银行对账结息，从而节省大量的银行利息。

4. 提高商场管理质量。通过商场管理信息系统（BMIS）的各管理子系统，可以加强对商场的各项管理，堵塞经营管理上的漏洞，减少差错和失误，提高管理工作的质量。

5. 合理调整经营决策。通过商场的管理信息系统（BMIS）可随时掌握市场信息，为决策支持子系统提供信息依据，使商场及时调整近期和中远期的经营决策，从而获得更大的经济效益。

第二节 大中型商场管理信息系统（BMIS）的设计

一、商场管理信息系统（BMIS）在商场内部形成的四大体系

现代大中型商场的信息需求复杂，对经营管理的功能要求千头万绪，故在进行管理信息系统（BMIS）的设计时要考虑的因素较多，面也较广。总的来讲，现代商业的大中型商场的计算机管理信息系统（BMIS），应立足于高起点，高标准。商场管理信息系统（BMIS）不应仅仅是人工作业管理的一个简单的替代，而应当是采用先进的计算机软、硬件及集成技术，融入科学的商业管理思想与模式，体现高效作业流程，并具有为企业提供快速、准确的经营分析与辅助经营决策支持的科学管理系统，商场管理信息系统（BMIS）的建立将在商业企业内部形成如下四大体系：

（一）高效的信息处理体系

1．商场所需要的一切数据，例如商品销售数据、顾客数据、供应商数据、企业内部管理数据、社会信息等，实现计算机采集与管理。

2．所有采集到的数据经计算机自动分类、加工处理、电子票据流转，建立起商场企业集团的综合信息库。

3．向商场的各管理部门及时提供准确、完整、客观的综合信息和统计资料，作为经营决策的依据。

（二）有效的经营管理体系

1．商场的全部业务功能实现计算机化管理，在企业内部实现无纸化办

公。

2.计算机管理系统充分体现现代化企业管理思想，并实现和落实现代企业的管理制度。

3.在计算机高效的信息处理的基础上，建立一套有效的经营管理系统。

（三）科学的分析决策管理体系

1.为商场的各级管理者和决策者提供各自所需的、有效的动态综合信息。

2.商场的各级管理者和决策者可借助该系统提供的数据信息和分析、预测工具及方法，制定正确的经营策略和投资方案。

（四）现代化的服务体系

1.提供高效的电子货币支付系统（各种信用卡）。

2.建立店内"认同卡"系统。

3.提供以商品信息库为基础的"多媒体"导购系统，如，大屏幕广告促销、触摸屏导购、电话购物等。

二、商场管理信息系统（BMIS）的特点

大中型商场的计算机综合管理信息系统（BMIS）的设计，在满足用户经营管理的基本功能要求的基础上，从计算机应用系统的角度来看，所设计的系统应具备如下特点：

（一）开放性

1.商场管理信息系统（BMIS）的总体方案设计在系统结构、硬件平台、软件平台方面，从设计、选型到实施开发的整个过程都要充分考虑"标准和开发"的原则。

2.系统应具有灵活的和可扩充的应用系统平台。

3.系统应能与电子订货、电子转账、电子商情等外部信息系统顺利接轨。

（二）先进行

1.商场管理信息系统（BMIS）的计算机系统硬件设备应尽量采用先进的客户机/服务器系统结构和相应的网络设备。

2. 应尽可能采用各种先进的计算机应用技术，如，系统集成技术、多媒体技术、窗口技术、打包技术。

3. 商场的管理信息系统（BMIS）是以商场的进、销、存管理为基础，以商场的财务管理为核心，集商场业务、管理于一体的管理信息系统。所以，系统应覆盖商业管理的主要功能及多种核算方式，系统的管理功能模式应具有先进性，并且能满足我国大中型商场用户的各种业务需求。

（三）实用性

1. 商场管理信息系统（BMIS）的设计不仅应体现当前技术和管理的发展方向，也应充分考虑系统的实用性，满足当前商业各层次、各环节管理中数据处理的便利性和可行性需求。

2. 系统应首先解决商场的业务处理，使商场的管理从中低级，逐步向中高级及全面自动化管理模型过渡。

3. 系统的全部人机操作设计均应以实用为第一需求，系统的人机界面应美观友好，操作应简便实用。

（四）可扩充和可维护性

1. 系统的应用软件设计应采取结构化和模块化的方式，要充分考虑使系统获得较好的可维护性、可扩充性和可移植性，用户可以根据本单位的需要修改某个模块或增加新的功能模块，也应能按需重新组合系统的结构，从而达到程序可重用的目的。

2. 系统的数据库结构的设计在充分考虑合理、规范的基础上，既要具有可维护性，能方便地完成数据库的修改、维护，又要具有安全性。

3. 商场管理信息系统（BMIS）所采用的开发及维护工具应保证系统的可扩充和可维护。

（五）可靠性

1. 系统的硬件设备一般应考虑双机备份，每台设备均应可离线应急操作，有关设备应以可相互替代等多种措施来保证系统硬件的可靠性；

2. 系统应具有数据的备份和恢复、操作日志、故障处理等功能，一旦系统发生故障，能有相应的对策功能；

3. 系统应具有严格的系统运行控制管理等系统的监控功能。

（六）安全性

1. 在系统内应采用严格的操作权限控制、密码控制、系统日志监督等措施，以保证系统安全地运行。

2. 应采取数据更新、严格凭证化等多种手段来保证系统数据的安全，以防止数据的流失和被盗泄密。

（七）通用性

1. 系统的功能应尽可能采用参数定义及模块生成的方式使之具有普遍适应性。

2. 使部分功能采用多种处理选择模块以适应不同的管理模型。

3. 系统应提供模块管理组装工具，以支持新的功能组合应用。

三、大中型商场管理信息系统（BMIS）的设计方法

大中型商场由于其经营管理的复杂和各种管理信息的广泛性，因而商场管理信息系统（BMIS）的功能模块设计是一项完整而又较复杂的系统工程，在进行设计之前必须经过深入细致的系统调查、系统分析和系统设计。

与 POS 系统的开发一样，管理信息系统的设计一般可采用原型法或软件的生命周期法两种方法来完成。

（一）原型法

1. 原型法的涵义

"原型"指的是其结构、大小和功能都与某个物体相类似的模拟该物体的原始模型。在管理信息系统开发中，用"原型"来形象地表示系统的一个早期可运行版本，能反映新系统的部分重要功能和特征。"原型法"则是利用原型辅助开发系统的一种新方法。原型法要求在获得一组基本的用户需求后，快速地实现新系统的一个原型，用户、开发者及其他有关人员在试用原型的过程中，加强通信和反馈，通过反复评价和反复修改原型系统，逐步确定各种需求的细节，适应需求的变化，从而最终提高新系统的质量。因此可以认为用原型法确定用户需求的策略，它对用户需求的定义采用启发的方式，引导用户在对系统逐渐加深理解的过程中作出响应。

2. 原型法的基本思想

原型法凭借着系统分析人员对用户要求的理解,在强有力的软件环境支持下,快速地给出一个实实在在的模型(或称原型、雏形),然后与用户反复协商修改,最终形成实际系统。这个模型大致体现了系统分析人员对用户当前要求的理解和用户想要希望实现后的形式。

3. 原型法的开发过程

原型法的开发过程可简单地用图 4-2 来说明。采用原型法开发商场管理信息系统,具有开发周期短、容易上马的优点,但是其系统原型构造较困难,并且在开发过程中不断进行修改和完善,其过程往往难于管理和控制,容易形成一个庞大的软件"恐龙",这是其缺点。

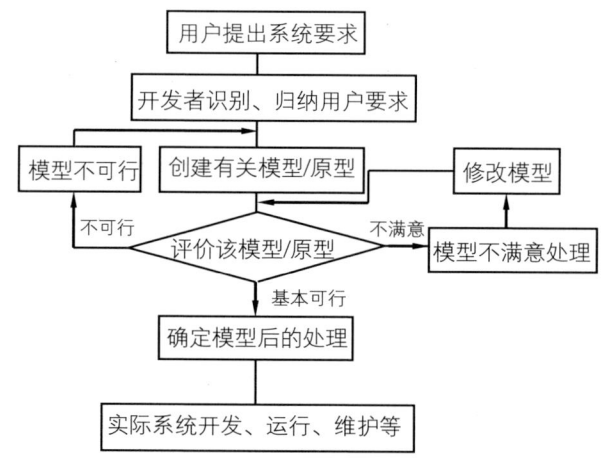

图4-2 原型法的开发过程

4. 原型法的特点

原型法从原理到流程都是十分简单的,且备受推崇,有着传统方法无法比拟的优越性,它有如下特点:

（1）原型法符合人们认识事物的规律;

（2）原型法有利于项目的开发者和用户交流;

（3）实际的原型为准确认识问题创造了条件;

（4）能充分利用最新的系统开发环境;

（5）原型法将系统的调查、分析、设计融为一体。

5. 原型法优缺点和适用范围

（1）原型法的优点

原型法是以用户为中心来开发系统的，提供了一个验证用户需求的环境，允许在系统开发生命周期的早期进行人机交互测试，提高了人们对最终系统的安全感，便于用实例来建立新系统。

原型法加强了开发过程中的用户参与程度，可以接受需求的变动和风险。

原型法对用户具有强大的吸引力，可以缓和通信和交流的困难，可以提供很好的系统说明和示范，可以简化开发过程的项目管理和文档编制。

（2）原型法的局限性

对于大型的系统，如果不经过系统分析就进行整体性划分，要想直接用屏幕一个一个地进行模拟是很困难的；对于大量的运算、逻辑性较强的程序模块，原型法很难构造一个合适的模型来供人评价；如果原基础管理不善、信息处理混乱，使用起来有一定困难；因批处理系统大部分是内部处理，用原型法有一定困难。

（3）适用范围。适用于小型、局部系统；适用于规模较小的系统；适用于业务处理过程比较简单或不太复杂的系统；适用于业务需求相对较为确定（不一定很明确）的系统；适用于具有较丰富系统开发经验的人员。

（二）生命周期法

生命周期法也称结构化系统开发法，是目前国内外较流行的信息系统开发方法，已得到了广泛的应用和推广，尤其在开发复杂的大系统时，显示了无比的优越性。它也是迄今为止开发方法中应用最普遍最成熟的一种。

1. 生命周期法一般过程

生命周期法将软件工程学和系统工程学的理论和方法引入计算机系统的研制开发中，按照用户至上的原则，采用结构化、模块化自顶向下对系统进行分析和设计。具体来说，它将整个信息系统开发过程划分为独立的五个阶段，包括系统规划、系统分析、系统设计、系统实施和系统运行与维护，这5个阶段构成信息系统的生命周期，如图4-3所示。

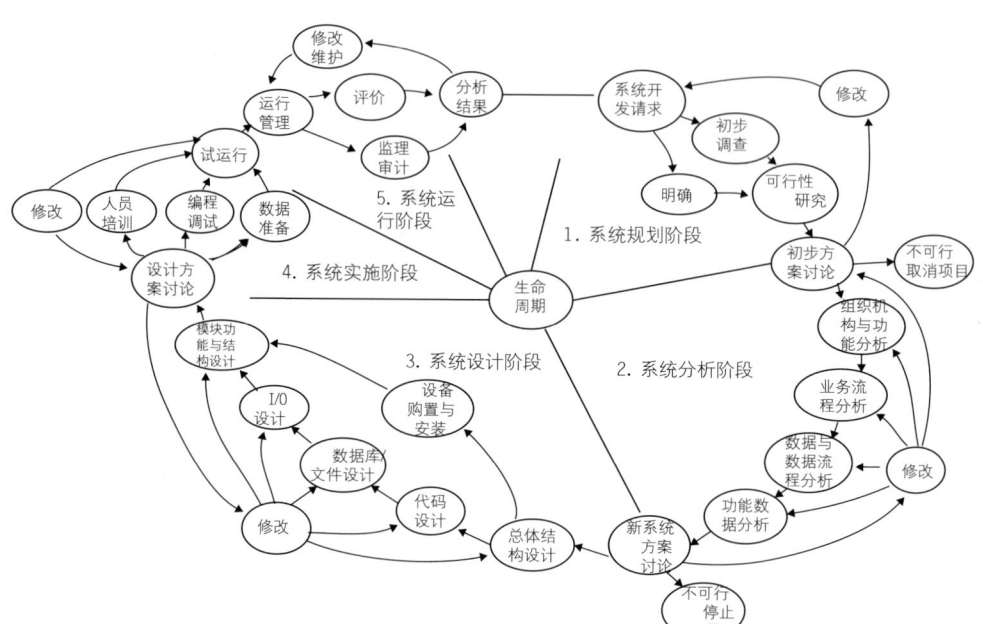

图4-3 系统开发的生命周期

（1）系统规划：根据用户的系统开发请求，进行初步调查，明确问题，确定系统目标和总体结构，确定分阶段实施进度，然后进行可行性研究。

（2）系统分析：分析业务流程、分析数据与数据流程、分析功能与数据之间的关系，最后提出分析处理方式和新系统逻辑方案。

（3）系统设计：进行总体结构设计、代码设计、数据库（文件）设计、输入/输出设计、模块结构与功能设计，根据总体设计配置与安装部分设备，进行试验，最终给出设计方案。

（4）系统实施：同时进行编程（由程序员执行）和人员培训（由系统分析设计人员培训业务人员和操作员），以及数据准备（由业务人员完成），然后投入试运行。

（5）系统运行与维护：进行系统的日常运行管理、评价、监理审计、修改、维护、局部调整，在出现不可调和的大问题时，进一步提出开发新系统的请求，老系统生命周期结束，新系统诞生，构成系统的一个生命周期。

2. 生命周期法的特点

（1）建立面向用户的观点。强调用户是整个 MIS 开发的起源和最终归宿，即用户的参与程度和满意程度是系统成功的关键。

（2）严格区分工作阶段。强调将整个系统的开发过程分为若干个阶段，每个阶段都有其明确的任务和目标以及预期要达到的阶段成果。一般不可打乱或颠倒。

（3）结构化、模块化、自顶向下进行开发。在分析问题时，应首先站在整体的角度，将各项具体的业务和组织放到整体中加以考察。自顶向下分析设计应首先确保全局的正确，再一层层的深入考虑和处理局部的问题。

自底向上进行开发需在具体系统实现过程中，一个模块一个模块地进行开发，调试，然后再由几个模块联调（子系统联调），最后是整个系统联调。

（4）充分预料可能发生的变化。系统在分析、设计和实现过程中，要充分考虑可能变化的因素。

一般可能发生的变化来自于周围环境变化，外部的影响，如上级主管部门要的信息发生变化等。系统内部处理模式的变化，如，系统内部的组织结构和鼓励体制发生的变化、工艺流程发生变化、系统内部管理形式发生变化等。用户要求发生变化包括用户对系统的认识程度不断深化，又提出更高的要求。

3. 结构化系统分析的思想

结构化分析方法是一种自顶向下逐层分解、由粗到细、由复杂到简单的求解方法。"分解"和"抽象"是结构化分析方法中解决复杂问题的两个基本手段。"分解"就是把大问题分解成若干个小问题，然后分别解决。"抽象"就是抓住主要问题忽略次要问题，集中精力先解决主要问题。

"自顶向下逐层解决"是结构化方法按上述思想解决问题的一种策略。例如，设图 4-4 是一个复杂的管理系统，我们将其分解成 1、2、3、4 四个子系统。若 1、3 仍然很复杂，可继续将它们分成 1.1、1.2……和 3.1、3.2……等子系统，如此逐层分解直至子系统足够简单，能被清楚理解和准确表达为止。

按照自顶层向下，逐层分解的方式，不论系统多复杂，规模有多大，分析工作都可以有条不紊地开展。大的系统也只需多分解几层，复杂程度并不会随之增大。这也是结构化分析的特点。

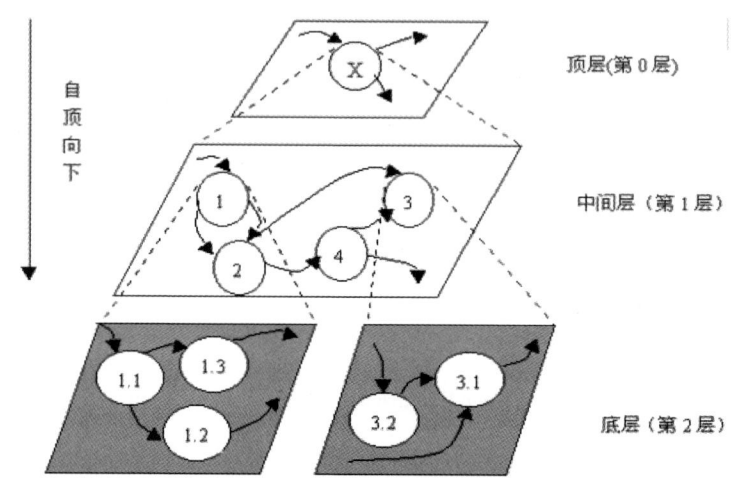

图4-4 自顶向下逐层分解

4. 生命周期法的优缺点

（1）优点

①结构化分析方法简单、清晰，易于学习掌握和使用。

②结构化分析的实施步骤是先分析当前现实环境中已存在的人工系统，在此基础上再构思即将开发的目标系统，这符合人们认识世界改造世界的一般规律，从而大大降低了问题的复杂程度。目前一些其他的需求分析方法，在该原则上与结构化分析相同。

③结构化分析采用了图形描述方式，用数据流图为即将开发的系统描述了一个可见的模型，也为相同的审查和评价提供了有利的条件。

（2）局限性

由于上述优势，结构化分析方法自20世纪70年代逐步形成以来，在数据处理领域一直相当流行。但是，在长期使用的过程中，也暴露出了一些薄弱环节甚至是缺陷，主要体现在以下几点：

①所需文档资料数量大；

②不少软件系统，特别是管理信息系统，是人机交互式的系统；

③结构化分析方法为目标系统描述了一个模型。

四、大中型商场管理信息系统（BMIS）的功能模块设计

商场管理信息系统（BMIS）的应用软件应采用结构化和模块化的设计，各功能模块在原则上是专用的，但应同时具有可重用性。在纵向划分上，各个管理功能相对独立，互相联系；在横向划分上，同一横向层次的若干功能子系统又构成该系统的各管理层的横向联系，在规定的权限内实现数据信息的共享。各管理层可以根据各自的管理需求选择不同的模块，各功能模块同时又可用于不同的管理层。

不同的商场开发设计的管理信息系统的功能模块可能不相同，但一般均包含采购进货、库存管理、账务管理、商品销售管理、经营决策子系统、员工人事管理等几个主要的功能子模块，在此对系统的这几个主要功能模块的管理功能设计进行大概介绍。

（一）采购进货子系统

1. 子系统管理的功能。要完成包括与商场经营的商品进货活动相关的各项业务的处理功能，如客户管理、合同管理、采购进货管理等。

2. 子系统数据联系。子系统的数据信息与账务子系统、商品销售子系统、库存管理子系统及经营决策子系统有使用和被使用的关系。

3. 子系统主要处理。

（1）客户管理功能。客户管理是针对与本商场有关的厂商资料进行的管理，其管理功能包括厂商基本资料的登录、编辑修改；厂商商品报价资料的登录、编辑修改；各种商品在本商场的销售业绩记录；各厂商的供货信用记录；各类资料的统计、查询、维护。

（2）合同管理功能。合同管理是本商场对经销和代销商品购进合同正式文本（或视为正式合同文本的其他文件）的管理，从业务管理的规范性和合理性来看，合同管理应该是进货管理的起点，即应将任何引起采购事件发生的各种原因，均视为合同信息予以管理，从而保证有效地监控业务活动的执行情况。其功能包括各类合同的编辑登录；合同执行过程的修

改、终止；合同文档的统计、查询、维护；合同执行情况的监督。

（3）采购进货管理功能。采购进货管理是对本商场从采购进货到购进商品的整个过程进行管理，具体包括对此过程的所有原始票据（采购单、进货发票、运输单、随货同行单等）的生成和处理进行管理，以及采购和进货后处理两个部分：

①采购管理的最终目的是在对一系列的数据资料的查询、统计、分析后，打印输出合理的采购建议单交采购部门进行商品的采购，其处理过程包括查询商品库存缺货情况；查询缺货商品的销售情况；查询可供货厂商的各种资料（未结欠款、商品报价、在本商店的商品销售业绩、对本商店的供货信用度和其他情况）；查询采购单；采购建议单打印输出。

②进货管理是对采购后的进货处理过程进行管理，原则上以进货单和商品到商店为业务起点，允许实际业务发生过程中存在业务次序不同、业务流程不同，以及各种例外情况的出现。更明确地说，诸如进货单到货未到、货先到进货单后到、核价次序不同、编码次序不同、入库库位不同、货和进货单次序不同、货和进货单不一致、单价不一致、数量损溢、退货、补货、换进货单等业务现状，均视为该岗位正常业务情况予以登录。其处理过程应与客户管理、库存管理、销售管理等模块确定标准业务联系，形成正常的业务循环，具体包括进货时的验收；进货后的退货；原始票据的登录；老商品核价及新商品定价通知；财务付款结算通知；合同执行情况通知；遗留问题记录及现行业务状态标识；商品库存量的修改。

（二）库存管理子系统

1.子系统管理功能。库存管理对商场仓库中的商品实物进行各项管理，根据各种原始单据进行处理，要求账物相符，随时可提供商品的库存情况。

2.子系统数据联系。本子系统的数据信息与采购进货、商品销售管理、账务管理等子系统有使用和被使用的关系。

3.子系统主要处理：

（1）到货登录、查询；

（2）商品实物保管及存放地点管理；

（3）商品移库、提货、盘存、串号、损益处理管理；

（4）库存结构、保本、保利、保质等管理；

（5）库存商品的报警（安全库存量、保质期、保本期的自动报警）；

（6）库存商品的各种查询。

（三）账务管理子系统

1. 子系统管理功能。账务管理子系统处理商场经营过程中与财务有关的各项事务。

2. 子系统数据联系。本子系统与采购进货、库存管理、销售管理、员工人事管理等子系统有数据信息的传输关系。

3. 子系统主要处理：

（1）商品核算功能。商品核算的核心是商品的进价成本核算及库存商品的实际成本变动核算。商品核算能够真实反映企业商品流动资金的实际占用和盈利状况。在目前手工管理系统中，尽管已记了商品账（即三级明细账），但因数据计算量过大及人力因素的限制，无法做到按单品进行商品核算，使用计算机进行管理以后，能够实现按商品品种进行的商品核算。尽管依然存在部分小商品的售价核算以及按单品分摊费用的困难，商品核算数据不是十分精确，但作为经营参考，该数据信息的实时性和相对准确性较手工管理，已前进了一大步。

（2）会计核算功能。在企业及专业商场两级实现会计核算，主要功能包括账务处理系统、来往厂商应收应付款处理系统、商场内部往来核算。

（3）财务管理功能。对整个商场的财务情况进行管理，主要功能包括利润的计算与分配；基金提取和使用的管理；指定周期、指定部门的财务指标的计算与评价；资金占用处理；利润与费用的分析；财务报表的制作和输出。

（四）商品销售管理子系统

1. 子系统管理功能。本子系统是以 POS 系统功能为主的处理系统，完成对商品的销售管理、销售数据的采集，并对采集的基本数据进行有目的的预处理，实际上就是 POS 系统的前台和后台的管理功能。

2. 子系统数据联系。本子系统与库存管理、采购进货管理、员工人事管理、财务管理、经营决策等子系统有数据信息的传输关系。

3. 子系统主要处理。

（1）系统的前台销售管理。完成与商品销售及数据采集有关的所有工作，包括收款员登录及交接班管理；营业员业绩工效管理；备用金管理；基于单品的 PLU 销售管理；基于部门的金额销售管理；优惠、折扣管理（单品或金额的折扣率或折扣额）；多种付款形式管理（人民币、支票、汇票、购物券等）；信用卡管理；退货处理；销售状况及当前销售情况查询；销售报表；销售结账；销售数据备份；预收 / 退定金管理；顾客信息的采集管理。

（2）系统的后台管理功能。对前台的商品销售业务进行监督管理，同时对前台采集的基本销售信息进行预处理，然后将数据信息传输到系统处理中心进一步的处理加工，包括汇总以单品为单位的日销售数量、金额、毛利、优惠、折扣；汇总以部门或商品类别为单位的销售；汇总由各种促销手段产生的销售；统计时段销售；统计规格和花色的销售。

（3）物价管理功能。是系统的后台管理功能的一部分，对购进商品的价格及商品的销售价格进行管理，作为一个相对独立的处理功能模块，包括新增商品的编码与定价资料的输入；老商品的核价；商品的销售价格调整；商品的临时变价、折扣、残损变价及各种促销处理；商品销售价格的查询、统计。

（五）员工管理子系统

1. 子系统管理功能。员工管理子系统对商场全体员工的各种资料进行处理。

2. 子系统数据联系。系统与商品销售、经营决策子系统有数据传输关系。

（六）经营决策子系统

1. 子系统管理功能。经营决策子系统对商场经营管理各个环节的数据信息，从不同的角度，根据不同的指标，以不同的方法进行深层的统计分析，使商场的决策者有依据地分析市场动态及商场的全面经营状况和人、财、物资源状况，合理地调整经营方向、方针和方式，为商场近期的经营决策和中长期发展制定正确的战略目标提供必要的信息基础，以使商场的经营管理获取更高的经济效益。

2.子系统数据联系。经营决策子系统可调用其他各子系统的所有数据资料。

3.子系统主要处理：

（1）供货厂商决策支持分析；

（2）财务决策支持分析；

（3）客户及员工决策支持分析；

（4）进货决策支持分析；

（5）门市销售决策支持分析；

（6）商品库存决策支持分析；

（7）商场经营利润分析；

（8）商场财务分析。

第三节
大中型商场管理信息系统（BMIS）实例

大中型商场销售经营的商品种类繁多，经营的方式多种多样，其业务的范围较为广泛，故商店设置的业务部门也较多。因此，大中型商场的管理信息系统（BMIS）也就较为复杂。不同的企业开发使用的管理信息系统（BMIS）不尽相同。下面以阳光超市的管理信息系统（BMIS）以及大中型超市的管理信息系统（BMIS）为例进行介绍。

一、阳光超市管理信息系统分析

在进行系统设计和实施之前，需要对系统进行分析。系统分析的任务是调查系统管理的现状，明确系统的目标，进行需求分析、系统化分析以及新系统的详细调查，最终得到新系统的业务与数据流程图，为进行系统设计作准备。

（一）系统开发的最终目标

阳光超市管理信息系统的总体目标是以科学的管理方法为基础，结合商业企业自身特点，建立一套具有商业企业经营特色的、覆盖超市企业主要业务功能的人机协调的管理信息系统，实现对商品流转管理、商情管理等实时控制、修改、加工、分析的综合性管理信息系统，及时反映超市企业的经济活动状态和所需的各种商情信息，为各级管理者提供良好的决策支持环境，成为各级管理人员的有力助手，提高阳光超市的经济效益。

（二）系统开发的必要性

随着顾客的购买量增大，日益频繁的业务产生了大量的数据。数据量的增大，让查找不方便，掌握的数据也不准确，容易造成决策的滞后或是失误。例如，随着订货、进货信息的增加，与供应商相关的信息、与商品相关的信息越来越多。如果不能将这些有效信息集中起来，对以后的信息查询会带来不便，从而不能给采购人员提供决策支持。同时，对于每天产生的大量销售信息，如果不加以适当存储和分析，就失去了利用这些销售信息挖掘出顾客购买偏好的机会，就不能通过看似无用的大量数据了解消费者潜在消费习惯，失去了潜在的商机。

因此，开发一套以促进管理体制改革和管理手段改进，改善决策方法和决策依据的管理信息系统是很有必要的。这对于在信息服务中创造价值，促进资源共享和信息集成，减员增效，提高管理水平都有很大帮助。

（三）系统开发的可行性

1. 技术上的可行性

随着 IT 技术的发展，特别是网络技术和数据库技术的发展，在软件开发方面，可以采用现行主流的开发技术；硬件技术方面则可以充分利用日益增强的存储能力、通信能力和处理速度来保证系统开发技术的准备质量。

本系统采用的数据库技术有很好的数据处理能力，网络技术则体现在 C/S 模式中客户端和服务器之间的数据通信能力，良好的硬件配置无须高档的设备。由此可见，该系统在技术上具有可行性。

2. 经济上的可行性

初期投资信息系统，是为了以后获得更大的经济效益。通过一定的成本/效益分析，我认为开发这个系统在经济上是可行的。虽然系统开发需要初始成本和日后的维护费用，但是信息系统可以提供比以前更加准确和更少的人员费用，这些都是可以在日后的经营过程中体现出来的，并且可以令阳光超市更加具有竞争优势，对企业长远的发展不可忽视。

3. 管理上的可行性

阳光超市的领导对信息技术给企业管理带来的变革是十分认同的，他们大多认为，在现代企业管理中，信息技术能够帮助企业在日益激烈的竞争中获得难以想象的竞争优势。特别是能够改进企业管理机制，改善决策方式，减少管理成本，提高工作效率。

领导的支持对信息系统的开发和实施有很大帮助，也能保证在开发过程中妥善解决矛盾，在企业上下顺利实施信息系统，实现信息系统最初的目标。

（四）组织结构的调查

阳光超市的组织结构部门包括主任办公室、市场开发部（洽谈室）、营运部、综合办公室（人力资源、企划、质检、防损）、财务部、配送中心、计算机中心。

在人员业务方面，阳光超市的成员由经理、资源管理员、仓库管理员、采购员、发货员组成。经理主管事务，资料管理员负责单据录入、采购计划、发货计划的编制，仓库管理员负责仓库中货物的进库与出库，采购员根据采购计划进行商品的采购，发货员根据发货计划进行发货。

（五）业务流程分析

分析具体的业务流程，主要是为了确保在满足用户的各种需求的基础上，对业务的各种流程进行详细的分析，以便得到更加具体的数据流程，为进一步系统的分析与设计打下良好的基础。

经理收到汇款单，经过核实后交给资料管理员，资料管理员根据已录入的资料，产生采购计划、发货计划，交给采购员和发货员。采购员根据采购计划完成采购，把进货单返回给资料管理员，发货员完成发货，并把发货单、退货单返回给资料管理员。

以上只是业务过程中比较主要的部分，它可以代表阳光超市业务的主要过程，解决好这一部分就可以从最基本的业务角度出发，分析出主要数据流程的情况，妥善解决分析各阶段的问题。

（六）数据流程分析

根据阳光超市组织结构和业务流程的调查分析，可以得到要求开发的阳光超市管理系统，它可以由5类处理系统组成，依次为：单据录入、报表生成、汇款汇总、库存管理和管理分析。

（七）数据字典的定义

为了对数据流程图中的各个元素作出详细说明，有必要建立数据字典。

1. 数据项定义

（1）数据项编号：S1；

（2）数据项名称：供应商编号；

（3）简述：供应商表的主键；

（4）类型及宽度：不定长字符型20个字节；

（5）相关数据：商品表、进货表、订货表、退货表。

2. 数据流的定义

（1）数据流编号：F1；

（2）数据流名称：发货单数据；

（3）来源：发货单文件；

（4）流向：管理分析；

（5）处理：查询、维护。

3. 数据存储的定义

（1）数据存储编号：D1；

（2）数据存储名称：发货单文件；

（3）输入数据流：发货单数据；

（4）输出数据流：发货单数据；

（5）处理：查询、修改。

4. 处理逻辑的定义

（1）数据处理编号：P1；

（2）数据处理名称：管理分析；

（3）输入：汇款单数据、退款单数据、发货单数据、库存数据、订单数据、客户数据输出、发货计划数据、采购数据。

二、百货商店的管理信息系统

某百货商店是一个商业销售组织，该商店的主要业务是从批发或制造厂商处进货，然后再向顾客销售。按照有关规定，该百货商店在每月需向税务机关交纳一定的税款。该百货商店的全部数据处理都由人工操作。由于经营的商品品种丰富，每天营业额很大，因此业务人员的工作十分艰巨。

商业自动化技术与应用

最近，百货商店大楼翻建，营业面积扩大，经营品种、范围和数据处理的工作量大大增加，需要建立一个计算机管理信息系统，以减轻工作人员的劳动强度，提高业务管理水平，适应新的发展。

（一）系统调查（通过对现行系统的调查得到以下结果）

1. 现行系统的组织结构及工作任务

现行系统在商店经理的领导下，该商店设有销售科、采购科和财务科，如图4-5所示。销售科的任务是接受顾客的订货单，并进行校验，将不符合要求的订货单退还给顾客。如果是合格的订货单且仓库有存货，那么就给顾客开发货票，通知顾客到财务科交货款，并修改因顾客购买而改变的库存数据。如果是合格的订货单但是缺货，那么先留底，然后向采购科发出缺货单。采购科购买到货后，核对到货单和缺货单，再给顾客开出发货票。

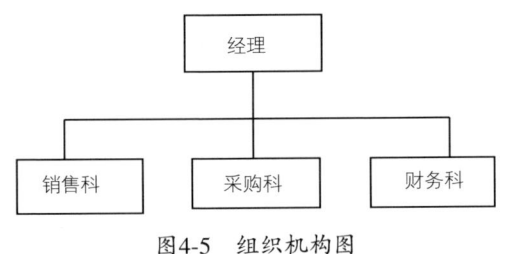

图4-5　组织机构图

采购科的任务是将销售科提供的缺货单进行汇总，根据汇总情况和各厂商供货情况，向有关厂商发出订购单。供货厂商发来供货单后，对照留底的订购单加以核对，如果正确则建立进货账和应付款账，向销售科发到货通知单并修改库存记录；如果供货单与留底订购单不符，则把供货单退还给供货厂商。

财务科（会计科）的任务是，接到顾客的货款给顾客开收据及发票，通知销售科付货；根据税务局发来的税单建立付款账，并付税款；根据供货厂商发来的付款通知单和采购科记录的应付款明细账，建立付款明细账，同时向供货厂商付购货款。无论是收款还是付款之后，都要修改商店的财务总账。财务科在完成以上日常账务工作的同时，还要定期编制各种报表向经理汇报，以供经理了解有关情况并据此制定下阶段的业务计划。

2. 现行系统业务流程及概况

第四章 大中型商场的管理信息系统

现行系统的业务流程情况如图 4-6 所示。各项业务数据的输入、处理、存储和输出概况如表 4-1 所示。

（二）系统规划

1. 实现整个百货商店业务信息流程的计算机管理。

2. 销售子系统的订货单处理、缺货处理全部由计算机完成，增加自动登记新顾客数据的功能。货物售出后，自动建立售货历史记录和修改库存记录。

3. 采购子系统的缺货单汇总、缺货货物统计和编发订货单由计算机完成，核对订货单和修改库存也用计算机进行。

4. 会计子系统的全部数据汇总计算工作由计算机自动完成，报表的编制、打印也由计算机完成。

（三）系统分析

1. 系统目标

（1）实现登记、整理数据，处理核对顾客订货单；

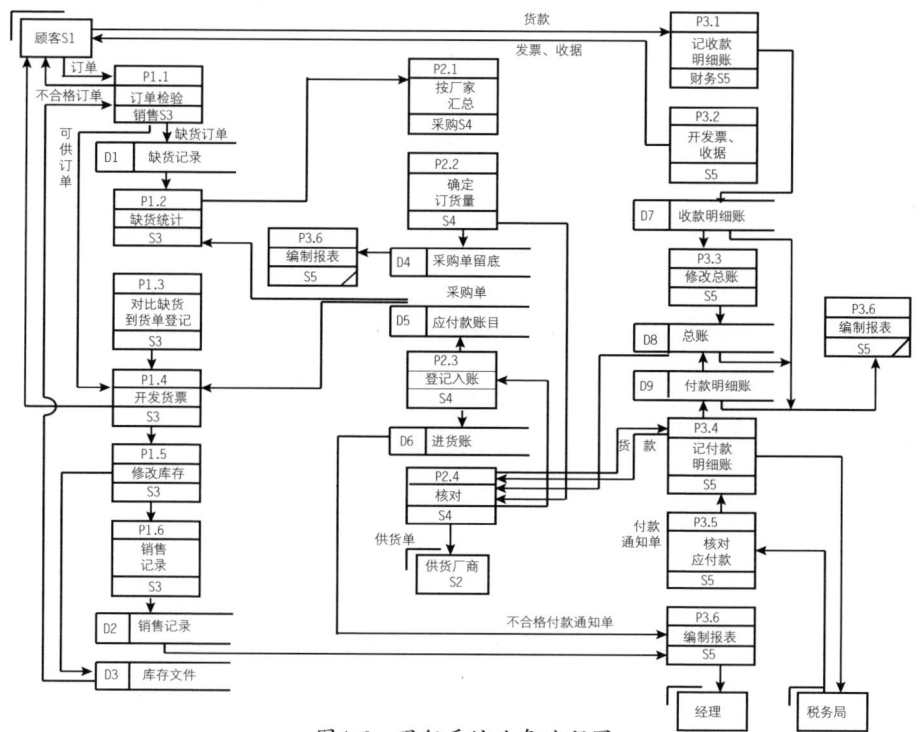

图4-6　现行系统业务流程图

（2）向经理提供各种业务统计报表；

（3）提供各级查询；

（4）实现销售、采购、会计各部门的业务数据处理自动化；

表 4-1 百货商店现行系统概况表

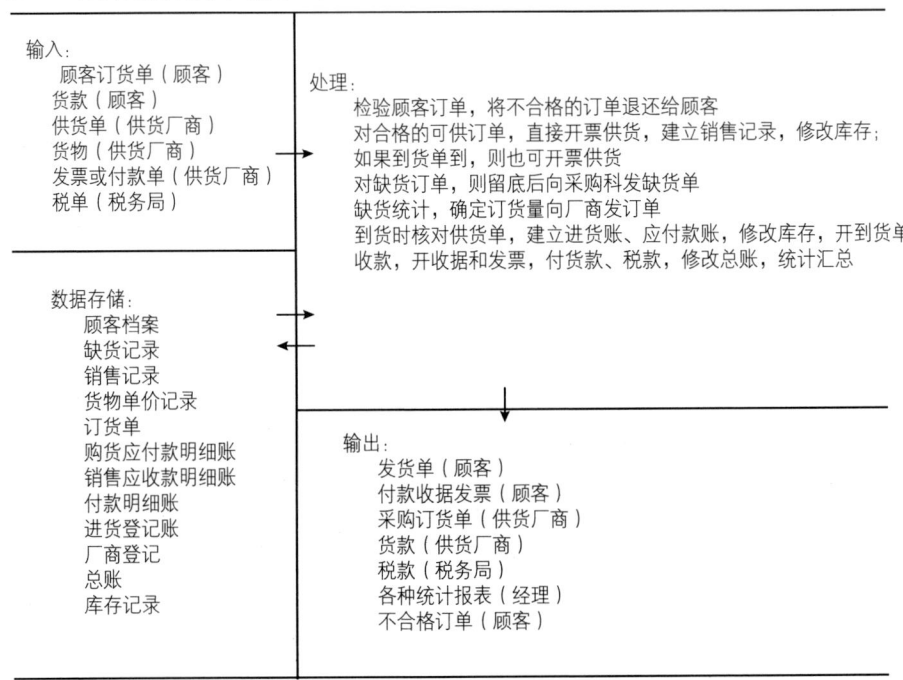

2. 数据流程图

百货商店业务管理系统的顶层数据流程图如图 4-7 所示。

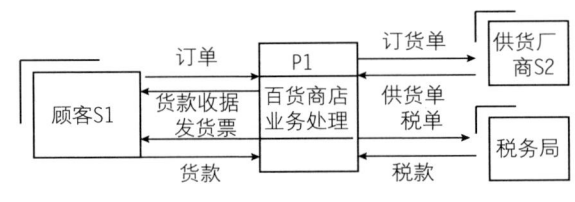

图 4-7 顶层流程图

图 4-7 表示了百货商店业务信息处理系统与外部实体之间的信息输入/输出关系，即标定了系统与外界的界面。

顶层数据流程图的第一级分解如图 4-8 所示。

图 4-8 是把图 4-7 中"百货商店业务处理"框进行细化，根据图 4-6 现行系统业务流程图所列的处理功能，初步分解为销售处理、采购处理和会计处理三个子系统。在功能分解的同时，得到相应的数据存储（如销售记录、应收款、货物库存、进货账、应付款账）和数据流程（订单、发货单、缺货单、付款单等）。

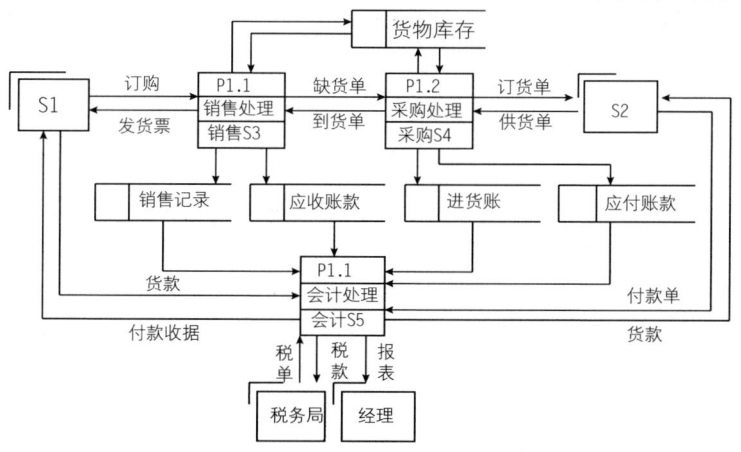

图4-8 系统数据流程图一级分解

上述三个子系统的数据流程图（即二级分解）分别如图4-9、图4-10、图4-11所示。

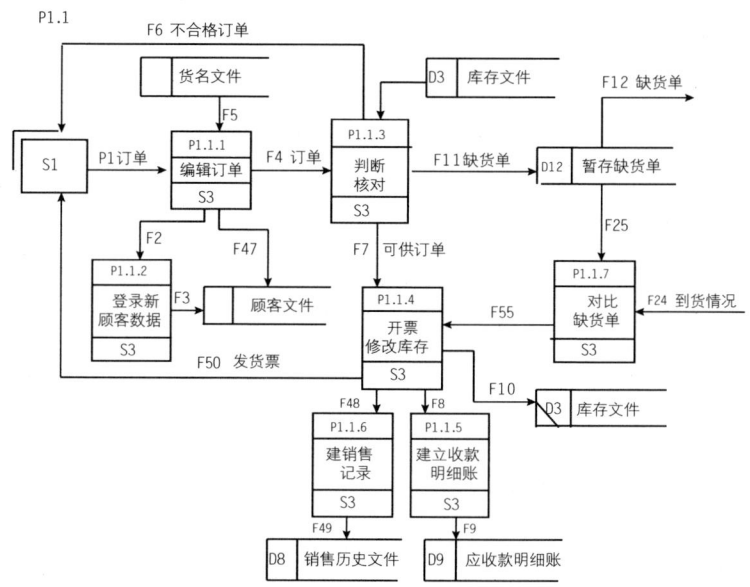

图4-9 二级数据流程（销售处理）

商业自动化技术与应用

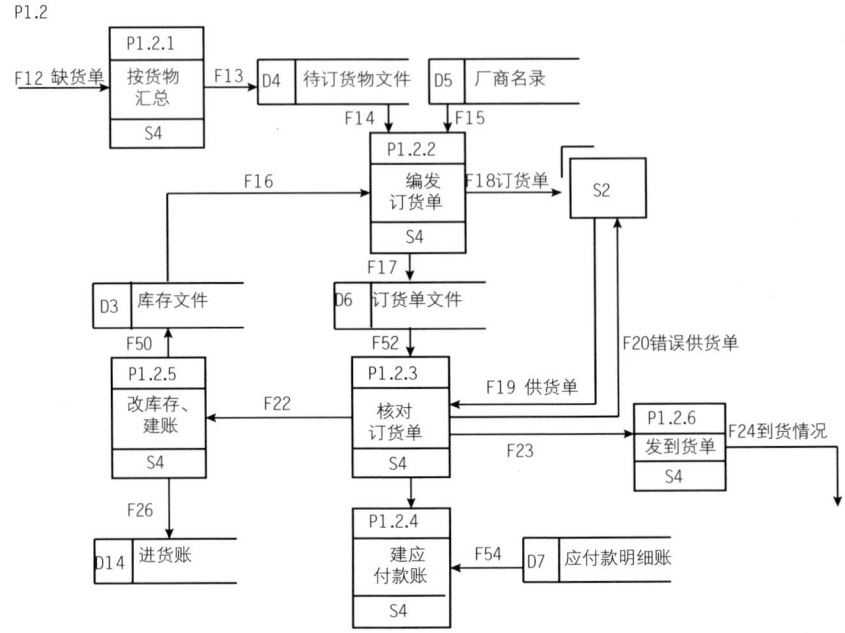

图4-10 二级数据流程（采购处理）

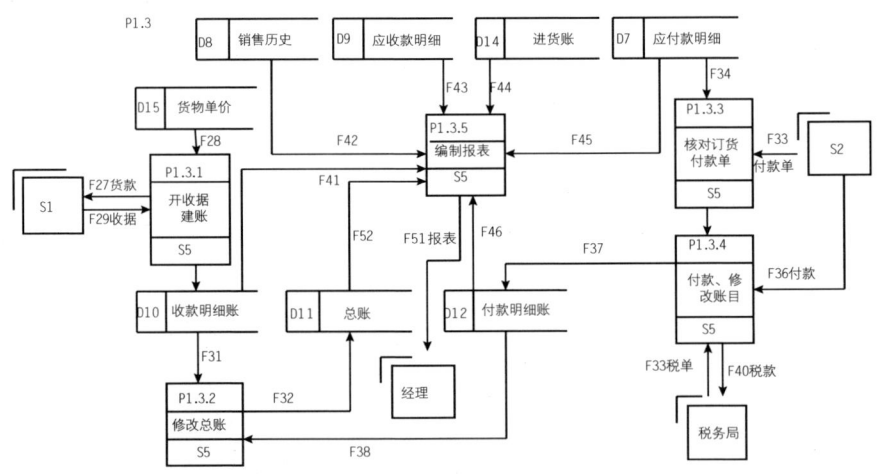

图4-11 二级数据流程（会计处理）

3. 系统概况

百货商店业务管理信息系统的概况如表 4-2 所示，该表格反映了新系统的输入、处理、数据存储和输出的概况。其中带"＊"号的表示由计算机处理的项目，其余处理由人工进行。

表 4-2 百货商店业务管理信息系统概况

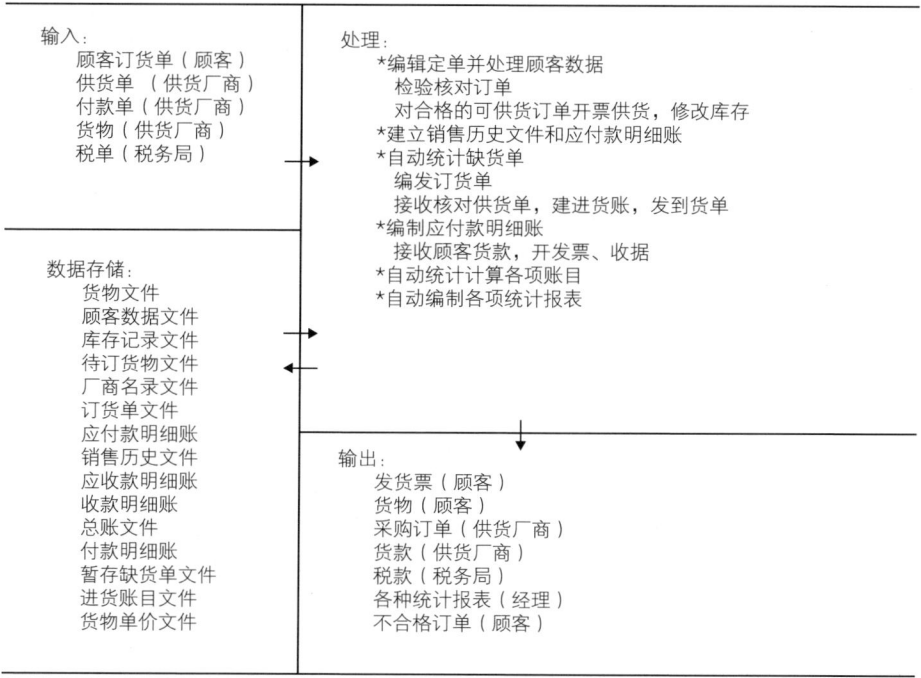

4. 数据字典

数据字典用于进一步定义和描述所有数据项，包括数据流字典（如表 4-3 所示）、数据存储字典（如表 4-4 所示）、数据处理字典（如表 4-5 所示）三类。

表 4-3 数据流字典清单（部分）

总编号	编号	名称	来源	去向	所含数据结构	说明
1-01	F1	订单	S1 顾客	P1.1.1 编辑处理	订单标识、顾客细节、货物细节	
1-02	F2	顾客数据	P1.1.1 编辑订单	P1.1.2 登录新顾客数据	订单标识、顾客细节	用于登录顾客数据
1-03	F3	顾客数据	P1.1.2	D2 顾客文件	同上	用于建立顾客数据
1-04	F4	订单	P1.1.1	P1.1.3 判断核对	订单标识、顾客细节、货物细节	用于判断核对

续表

总编号	编号	名称	来源	去向	所含数据结构	说明
1-05	F5	货物情况	D1 货名文件	P1.1.1 编辑订货单	标识、顾客细节、货物细节	用于编辑订单
1-06	F6	不合格订单	P1.1.3 判断、核对	S1 顾客	订单标识、顾客细节、货物细节、不合格原因	退还顾客
1-07	F7	可供订单	P1.1.3	P1.1.1 开票 修改库存	标识、顾客细节、货物细节	用于供货

表 4-4 数据存储字典清单（部分）

总编号	编号	名称	输入数据流	输出数据流	内容	说明
S1-01	D1	货名文件	F4（D5—P1.1.1）		货物名称、标识	用于编辑订单
S1-02	D2	顾客文件	F3（p1.1.2—D2）	F47（D2—P1.1.1）	标识、顾客细节	用于编辑订单
S1-03	D3	库存文件	F10（1.1.4—3） F50（P1.2.5—3）	F16（D2—P1.1.2）	标识、货物细节、库存量	用于记录货物数量和发货订单
S2-04	D4	代订货文件	F13（P1.2.1—D4）	F14（D4—P1.2.2）	标识、顾客细节、缺货总量	用于编发订单、记录缺货
S2-05	D5	厂商名录		F15（D5—P1.2.2）	标识、厂商细节、厂商供货细节	用于编发订货单
S2-06	D6	订货单文件	F17（P1.2.2—D7）	F52（D6—P1.2.3）	标识、货物细节、数量、厂商名、日期	留底的订货单
S2-07	D7	应付款明细账	F54（P1.2.4—D7）	F34（D7—P1.3.3） F45（D7—P1.3.5）	标识、货名、数量、厂商、应付款、日期	供货单账留底
S1-08	D8	销售历史文件	F49（P1.1.6—D8）	F42（D8—P1.3.5）	标识、货名、数量、日期	记录销售科工作情况
S1-09	D9	应付款明细账	F9（P1.1.5—D9）	F43（D9—P1.3.5）	标识、货名、数量、顾客名、应收款、日期	记录销售科应收款情况

第五章
大型商业自动化管理信息系统

第一节
基本概念和理论

生产技术的进步，社会活动的复杂化，使管理工作越来越离不开信息，利用计算机进行信息处理已成为当今世界上一项主要的社会活动。随着信息工作的迅速增长，计算机的应用范围也日益广泛，应用功能由一般的数据处理走向支持决策。尤其是近一二十年来，随着现代科学技术和社会经济的迅速发展，世界正向信息化社会迈进，信息同物质、能源一起构成了当代社会的三大支柱产业。以现代计算机技术、信息技术、管理科学和系统科学为基础建立的各种管理信息系统（MIS，Management Information System），在现代社会经济生活中，特别是企业经营管理决策中，正在发挥日益重要的作用。管理信息系统是一种先进的获得信息资源的手段，一种先进的管理方法，企业必须进行认真的规划、建设和利用，才能在竞争激烈的现代社会经济生活中获得成功。

管理信息系统是一门综合性、系统性和边缘性学科，它是一个由人和计算机组成的、能进行管理信息的收集、传递、储存、加工、维护和使用的系统。MIS 系统能实测企业的各种运作情况，利用过去的数据预测未来，利用信息控制企业行为，帮助企业进行经营决策分析，提高企业的管理水平。

商业企业是专门从事商品流通经营活动和服务性活动的特殊企业，是国民经济的基本单位。商业物流是商业企业经济活动的主要内容，在商品进销存活动中建立基于商品流、信息流和资金流的现代商业动态物流模型，对充分利用各种商业信息、加快商品流通、加速资金周转、提高商业企业的经济效益具有重大意义。

第五章 大型商业自动化管理信息系统

商业自动化管理信息系统是专门用于商业企业事务处理的管理信息系统。它是现代商业迅速发展的必然要求，自动化管理系统的开发是一项涉及到人、财、物和时间的重大系统工程。开发一个科学、合理、先进、切实可行的自动化管理信息系统可以充分收集商品进销调存活动中的各种信息，经分类、汇总、统计、分析、预测后支持商业企业的经营管理决策。商业自动化管理信息系统的实施同时也将有助于商业企业经营管理的规范化和标准化，加速商业现代化的进程。

一、管理、信息和信息系统

管理、信息与信息系统是三个不同领域的学科。人类的进步，科学技术的发展，尤其是现代电子技术、管理科学和信息科学的发展以及大生产和社会化的需要，使得它们结合成为一个完整的新学科。

（一）管理的概念和理论

1. 管理的概念

管理是指运用组织、计划、指导、控制和协调等基本行动，来有效地利用人力、材料、资金、设备和方法等各种资源，发挥最高的效率，以实现一个组织机构所预定的目标和任务。

管理工作的六要素是：目标、信息、人员、资金、设备和物质，它们构成物流、人流和信息流。

管理的基本职能是：计划、组织、指导、控制、协调和通信。

2. 管理科学的发展阶段

管理科学的发展大约经历了以下六个阶段：

（1）泰勒制。20世纪20年代，出现了以泰勒制为代表的科学管理，提出了改直线制为职能制，首次把科学原理引入经济管理之中。

（2）行为科学学派。20世纪30年代，美国的迈约著《工业文明中人的问题》，主张激发人的积极性，主张让工人参加管理。

（3）数学管理学派。该学派出现于20世纪40年代，其代表作是1940年前苏联康托拉维奇所著的《生产组织与计划中的数学方法》，把数学引入管理，并提出生产指挥的问题主要是数学问题。

（4）计算机管理学派。20世纪50年代，出现了计算机用于管理的第一次热潮。

（5）系统工程学派。该学派出现于20世纪70年代，其代表作是1970年华盛顿大学教授卡斯所著的《组织与管理——从系统出发的研究》，提出用系统的理论和方法研究管理。

（6）信息学派和管理信息系统学派。20世纪80年代产生了信息学派。这一时期出现了信息革命，信息被视为重要的无形资源用于管理。同一时期又产生了控制论，于是信息论、控制论、系统论在管理中有机结合，产生了管理信息系统学科，它的出现极大地推动了管理科学的发展，而且成为一门完整的科学学科。

（二）数据与信息

1. 数据与信息的含义

数据与信息是管理信息系统中最基本而且也是最重要的两个概念。

数据是事实的反映，是人们用来反映客观世界而记录下来的可以被鉴别的符号。除数值数据外，文字、声音、语言、图形等也是数据。

信息的定义归纳起来有如下几种：

（1）信息是有一定含义的数据，是人们用来描述客观世界的知识；

（2）信息是加工（处理）后的数据，是事物存在或运动状态的表达；

（3）信息是对决策或行为有现实或潜在价值的数据。

由此可见，数据和信息是两个互相联系、互相依存又互相区别的概念。信息是加工处理后的数据，是数据所表达的内容，而数据则是信息的表达形式。它们的关系如图5-1所示。

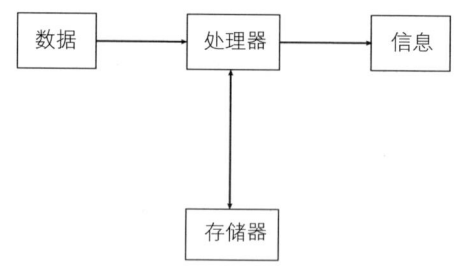

图5-1　数据加工为信息

2. 信息的分类

信息可以从不同角度分类，按照重要性可以分为战略信息、战术信息和作业信息；按照应用领域可以分为管理信息、社会信息、科技信息和军事信息等；按照加工顺序可分为一次信息、二次信息和三次信息等；按照反映形式可分为数字信息、图像信息和声音信息等。而管理信息系统中的信息是反映与控制管理活动中经过加工的数据，是管理上一项极为重要的资源，管理信息主要分为四大类：

（1）描述型信息。用于描述客观世界中所发生事件的规律性、实体的状态、特性和变化等的信息；

（2）概率型信息。用于判断、推理、建模和决策等的信息；

（3）解释和估价型信息。回答某种事件怎样发生、发展以及一些定性或定量的描述信息；

（4）宣传型信息。对客观事物具有某种宣传性的信息。

3. 信息的属性

信息的属性可以从以下几个方面来说明：

（1）事实性。事实是信息的第一和基本的性质，不符合事实的信息不仅没有价值，而且可能价值为负；

（2）等级性。信息和管理层一样，一般分为战略级、策略级和执行级，不同级的信息性质也不同；

（3）价值性。信息是经过加工并对生产经营活动产生影响的数据，是劳动创造的，是一种资源，因此是有价值的；

（4）传输性。信息可以通过各种手段进行传输；

（5）时间性。信息是全新的，是由旧的数据加工而成的；

（6）转换性。信息、物资和能源三位一体，是可以互相转化的。

（三）系统与信息系统

1. 系统的定义

系统论的创始人之一，美国著名的生物学家贝塔朗菲指出："系统（System）是许多组成要素的综合体。"我国学者钱学森给系统下的定义是："系统是相互依赖、相互作用的若干组成部分结合而成的具有特定功能的整体。"日本 JIS 工业标准将系统定义为"系统是许多组成要素保持一定的秩序，向同一目的行动的东西。"

总而言之，所谓系统，是指由相互联系、相互依存的若干元素组成的，具有一个共同目标的有机整体。

2. 系统的基本要素

系统是由以下几个基本要素组成的：系统环境、系统边界、系统输入、系统输出、系统组成元素、系统结构、子系统、接口。

系统环境：任何系统均处于一定的环境（Environment）中。系统的环境包含两个方面的含义，一是环境对系统要有一定的影响；二是系统对环境要有一定的影响。也就是说，一切位于系统之外，与系统相关联的部分均称之为该系统的环境。究竟哪些东西属于系统的环境取决于系统的目标。

系统边界：系统的边界（Boundaries）是系统与其环境分割开来的一种假想线。系统通过其边界与外界进行物质、能量和信息的交换。

系统的输入与输出：系统是通过输入（Input）和输出（Output）与其环境发生关系的。输入是指所有由环境进入系统的东西，而输出是指从系统向其环境传输的东西。例如，对于学校系统而言，新生以及上级的有关指令等是学校系统的输入，而毕业生则是该系统的输出。需要注意的是，一个系统的输入可能是另一个系统的输出，而一个系统的输出也可能是另一个系统的输入。

系统的组成元素：系统组成元素（Element）是指完成某种特定功能而不必进一步分解的工作单元。

系统结构、子系统、接口：系统结构（System Structure）有两个方面的含义，一是指系统的组成元素，一是指系统元素间（或子系统之间）的联系。系统最常见的一种结构是层次型结构。在这种结构中，一个系统是由一系列子系统（Subsystems）组成的，而每一个子系统可能又是由一组更小的子系统组成的。例如，一个仓库系统由入库管理子系统、在库管理子系统和出库管理子系统组成。各子系统之间也可能要进行数据的交换，这称之为子系统之间的接口（Interface）。

3. 系统的特性

（1）相关性

系统作为一个具有一定功能的整体，其目标是通过元素间的相互联系而实现的。也就是说，系统并不是一些元素的简单堆积。仅仅指出系统中有哪些元素，还不能称其为一个系统，还必须指出这些元素是怎样联系的。

（2）层次性

层次性（Hierarchy）是指系统元素间的相互联系，即系统的结构。也就是说，系统的元素是按一定的层次结构组织在一起的。按照这个层次结构，系统可以进一步分解为一系列更小的、具有相对独立性的部分，称之为子系统，而每一个子系统还可以继续往下进行分解……这样就构成了一个层次的结构。子系统也具有系统的一切性质，而子系统间的联系被称为接口或界面。

（3）整体性

系统的整体性反映在系统的总体功能要大于各个组成部分功能之和。

4. 信息系统的定义

信息系统（Information System）就是输入数据，经过加工处理，输出信息的系统。它是一个集成的系统，其目的是对组织的业务数据进行采集、处理和交换，以支持和改善组织的日常业务运作，满足管理人员解决问题和制定决策的各种信息需求。

就信息系统概念本身而言，并没有涉及计算机系统（硬件系统、软件系统）。换而言之，计算机系统只是信息系统进行信息处理的一种工具和手段而已。但由于计算机系统所具有的强大的信息处理功能，现代的信息系统一般是利用计算机系统来实现的。因此，信息系统往往指的是计算机系统（CIS，Computer Information System）或以计算机为基础的信息系统。也有文献将计算机信息系统称为自动化信息系统（Automated Information System）。

信息系统通常具有以下功能：

（1）数据收集和输入。把分散在各地的数据进行收集并记录下来整理成信息系统要求的形式；

（2）数据传输。主要有两种方式，一是计算机网络形式，二是盘片传输；

（3）数据存储。管理中的大量数据被保存在磁盘、磁带等存储设备上；

（4）数据加工处理。对数据进行核对、交换、分类、合并、更新、检索、抽出、分配、生成和计算等处理；

（5）数据输出。根据不同需要，将加工处理后的数据以不同的方式进行输出。

根据信息系统的特点，我们可以用表5-1来说明信息系统的各级。

表 5-1 信息系统的各级

级	系统类型	特点
1	数据处理系统	完成机械任务
2	事务处理系统	用计算机处理来代替手工程序
3	管理信息系统	提供用于管理决策过程的信息
4	决策支持系统	为决策提供信息，并成为实际决策过程的一个组成部分

5. 信息系统的发展阶段

信息系统的发展大体上经过六个阶段，分别是：

（1）初装。安装第一台计算机作为标志；

（2）扩展。由于第一台计算机取得应用效果，决定增加计算机，使应用扩展；

（3）控制。扩展的结果使机器越来越多，机型越来越复杂，造成许多低水平重复开发、缺乏标准化、信息不能共享、见不到明显的效益、使用混乱等现象，于是开始控制信息系统的增长；

（4）整体化。控制的结果是从全局出发，更新系统，由分散到一体化；

（5）数据管理。一体化的结果是有一个统一标准的数据库，各子系统之间形成一个有机的整体，互相共享数据；

（6）信息管理。由于全组织处理系统的完整化，数据处理趋于成熟，信息成为资源，此时各部门在共享信息的基础上支持组织的目标，信息系统将产生巨大的经济与社会效益。

二、管理信息系统

管理信息系统（MIS，Management Information System）是以计算机为

第五章 大型商业自动化管理信息系统

主体，以信息处理为中心的综合性系统。近一二十年来，随着现代科学技术和社会经济的迅速发展，世界正向信息化社会迈进，信息同物质、能源一起构成了当代社会的三大支柱产业。以现代计算机技术、信息技术、管理科学和系统科学为基础建立的各种管理信息系统，在现代社会经济生活中，正在发挥日益重要的作用。

（一）管理信息系统的概念、特点和功能

1. 管理信息系统的定义

管理信息系统（Management Information System）简称 MIS，是 1961 年由美国的 J.D.Gallagher 首先提出的，并确定其为以计算机为主体、信息处理为中心的综合性系统。其思想受到了广泛的欢迎，但在以后的十几年内没有收到所期望的效果。随着通信技术、网络技术、数据库技术以及软件工程方法等相关技术的飞速发展，管理信息系统成为计算机技术的重要应用领域，成为计算机信息系统中应用最普遍的一类系统。由于管理信息系统是一门正在发展的新兴的边缘学科，因此，关于管理信息系统的定义也同样在逐渐发展和成熟。目前国内外对此的定义不尽一致，人们普遍认为 MIS 系统是由计算机技术、网络通信技术、信息处理技术、管理科学和人组成的一个综合系统，它能提供信息，以支持一个组织机构的运行、管理和决策功能。

管理信息系统是为管理决策提供服务的，它不仅对管理活动中发生的信息进行收集、传递、加工、维护和使用，同时又为管理决策提供服务。它能如实记载企业各种活动的运行情况，又能利用已发生存储的数据预测未来，提供决策依据，利用信息控制企业行为，帮助企业实现规划目标。

2. 管理信息系统的特点

管理信息系统不仅具有一般系统的特征，而且具有其特定的特征。

管理信息系统的特征：

（1）集合性。管理信息系统是由人、计算机和与管理相关的各种信息等元素组成的统一整体。

（2）相关性。管理信息系统各元素之间相互作用、相互依存，任何一个元素发生变化会导致系统内其他元素发生改变。

（3）目的性。管理信息系统有明确的目标以及明确的系统功能和相关任务。

（4）适应性。管理信息系统是一个开放系统，并具有可修改性和可调性。

（5）整体性。整体思想、系统的思想包括整体优化观点、整体协调观点、综合技术观点以及可行性观点，整体性的核心是追求协调的整体功能和整体效率最优。

管理信息系统是在数据处理系统上发展起来的，其特征是面向管理的一个集成系统，它覆盖了整个管理系统，对管理信息进行收集、传递、存储与处理，是多用户共享的系统，直接为基层和各级管理部门服务。管理信息系统最大特点是：

（1）高度集中统一，将企业各处数据和信息集中起来，进行快速处理，统一使用；

（2）有预测和控制能力，管理信息系统采用数学模型，如运筹学模型、数理统计模型，分析数据和信息，以便预测未来，提供决策支持；

（3）有一个中心数据库及网络系统，这是管理信息系统的重要标志。

3. 管理信息系统的功能

管理信息系统一般具有以下功能：

（1）数据处理。即数据的收集、输入、传输、存储、加工处理和输出；

（2）预测功能。运用数学、统计或模拟等方法，根据过去的数据预测未来的情况；

（3）计划功能。合理安排各职能部门的计划，并按照不同的管理层提供相应的计划报告；

（4）控制功能。对计划的执行情况进行监测、检查，比较执行与计划的差异，并分析其原因，辅助管理人员及时用各种方法加以控制；

（5）辅助决策功能。运用数学模型，及时推导出有关问题的最优解，辅助管理人员进行决策。

总之，系统的观点、数学的方法和计算机的应用是管理信息系统的三要素。

（二）管理信息系统的结构

管理信息系统的结构是指管理信息系统各个组成部分之间相互关系的总和，它是收集和加工信息的体系。从总体上说，管理信息系统由四大部件组成，即信息源、信息处理器、信息用户和信息管理者，如图5-2所示。

这里，信息源是信息的产生地；信息处理器是进行信息的传输、加工、保存等任务的设备；信息用户是信息的使用者，它应用信息进行决策；信息管理者负责信息系统的设计实现，在实现以后负责信息系统的运行和协调。

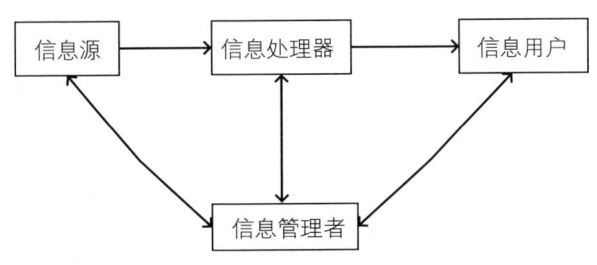

图5-2　管理信息系统总体结构

1. 基于管理活动的管理信息系统结构——横向结构

对于企业来说，其组织可分为基层、中层和高层三个管理层次，由于管理信息系统用于辅助管理，因此，可以采用这种横向结构来建立管理信息系统，如图5-3所示，即把同一管理层次的各种职能综合在一起。横向结构是把系统发展过程看作是一种横向发展，使各个部门相互之间联系加强，数据资源共享，使构成的整个系统达到最优化，这正是从系统的观点来考虑问题的。

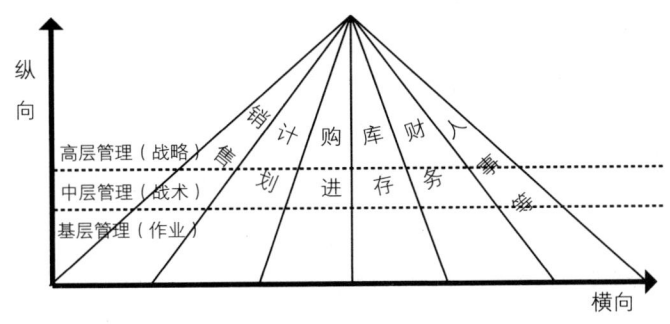

图5-3　管理信息系统的横向、纵向结构示意图

2. 基于组织职能的管理信息系统结构——纵向结构

纵向结构是把某种职能的各个管理层次的业务组织在一起，它是对不同管理层次的数据的综合。这种纵向加强了上下级之间的沟通，使各级管理层次之间信息畅通。

3. 管理信息系统的纵横综合结构

如果把前面介绍的管理信息系统的横向结构与纵向结构加以综合，就形成了管理信息系统的纵横综合结构。

管理信息系统的综合结构既是基于组织职能的各个职能子系统的联合体，又将每个子系统分为三个层次，即战略管理、战术管理和作业管理。每个职能子系统都有自己的专用数据库和专用应用程序，此外，还有各个职能子系统使用的公用数据库和应用程序。这种综合结构是完全一体化的系统，它能做到信息的集中统一，使程序尽量模块化为大家共享，子系统的界限模糊，子系统交接的缝隙得到填补，这种系统由于其逻辑的复杂性和对设备要求过高，现在很难做到。

（三）管理信息系统的应用

1. 管理信息系统的发展阶段

以电子计算机技术为基础的管理信息系统，虽然它的发展历史不长，但也经历了几个发展阶段，这几个阶段与计算机技术、管理科学以及系统科学的发展有密切关系。

（1）单项数据处理阶段（20世纪60年代初、中期）

这是计算机用于管理的初始阶段，计算机主要模仿手工管理方式，用于处理一些事务性的工作，例如用于计算工资、打印报表等。从整个企业看，计算机只是局部地代替了管理人员的手工劳动，使部分管理工作的效率有所提高，但是管理工作的性质没有改变。

（2）数据的综合处理阶段（20世纪60年代中期至70年代中期）

该阶段可以说是一个由单项事务处理向管理信息系统过渡的阶段，有三个特点：

①开始应用计算机来控制某一个管理子系统，并且有一定的反馈功能；

②从单机－单用户过渡到面向终端的计算机网络；

③使用实时处理的方法。

（3）管理信息系统阶段（20世纪70年代中期至今）

这是一个信息处理的高级阶段，随着计算机主机容量的增大、运算速度的提高以及性价比的提高、单机价格便宜的小型机和微型机的出现，使大部分企业都有可能使用计算机来进行企业管理。该阶段的特点是在企业管理中全面地使用计算机，企业的各项管理业务都由计算机进行系统的处理，企业的主要信息存储在数据库内，以供各级决策者使用。大型企业开始建立多级的计算机网络系统，即多机—多用户网络系统，在更大的范围内实现计算机资源和信息资源的共享。

2. 管理信息系统应用的现实意义

信息化是现代化的主要特征之一，企业管理信息系统因提高企业管理信息化水准而成为企业现代管理的手段，其本质内涵是：由企业系统的总体目标出发，通过对企业及其环境的信息收集、整理、存储、传递、加工和提供，以辅助和支持企业的管理与决策。特别是能根据企业的目前状态和相应的功能标准来控制企业的行为，运用历史数据及有关模型预测企业的未来，甚至通过运用模拟技术及人工智能等现代科技成果，实现对企业中上层管理决策的支持。

目前，MIS现代管理手段的地位已得到了较为普遍的承认，出现了不少开发MIS的成功范例，但就企业界总体而言，对MIS的开发应用仍然存在不足，究其原因，主要表现在没有把握MIS管理意义的本质，过分地从技术角度将MIS视为一项一次性投资巨大且必须预先投入的技术工程，或者没有认识到MIS的开发和发展过程正是实现现代管理的过程等。

（1）MIS支持经济体制的市场化改革和现代企业的创建

MIS的概念与商品最早出现于市场经济发达的环境。作为成熟市场经济体制下的产物，不仅MIS的最终具体产品成为企业现代管理的手段，而且MIS的概念思想和开发工作过程，对经济体制市场化改革、创建现代企业也会产生内在的支持作用。

在典型的计划经济体制下，国家和政府既是企业的唯一外部环境又是企业的实际管理者，即统一的唯一法人。在统配统销的原则下，企业不过是接受和执行来自上级的指令,缺乏自身的经济意义。这种企业多采用粗放型管理方式,效率很低,随着市场经济体制的建立,改革企业管理模式也成为必然。

(2)创建企业现代管理系统离不开 MIS

现代企业与传统企业相比,管理系统的地位更重要、功能更复杂。管理系统的行为实质是通过恰当有效的信息流来指挥企业的物流,通过信息流的畅通来保证物流的有序流转,从而让信息与物质和能量等一样具有重要的现代战略资源地位。随着全球经济逐步一体化,现代企业所面临的信息环境变得非常复杂,首先是信息来源的空间广阔,信息积累的时间变长,信息量巨大,信息关系复杂,这些都无疑会增加信息收集、筛选、整理、存储和传递的压力。其次是为了能向不同的管理职能和管理层次提供准确而有效的管理信息,在信息处理上必然要运用大量复杂的技术和方法,甚至会用到包括模拟和人工智能在内的现代科技成果,以支持企业中高层决策。不难看出,这些新问题不是传统管理系统的手工方式所能解决的,只有既体现了现代管理原则和系统思想又广泛地容纳了现代科技成果的 MIS 系统的应用,才能将传统管理系统演化为现代管理系统,才能将"信息是企业战略资源"变为现实。

3. 管理信息系统的应用

管理信息系统的应用大致有如下几类:

(1)国家经济信息系统

国家经济信息系统是一个总称,包括国家各综合统计部门(如国家计委、国家统计局等)在内的国家级信息系统。在国家经济信息系统下,纵向联系各省市、各地区、各县直至重点企业的经济信息系统,从横向,国家经济信息系统联系诸如外贸、能源、交通等各级信息系统。各级信息系统形成一个纵横交叉的独立的信息系统,其主要功能是处理经济信息,包括收集、存储、加工、传送、转换等,为国家经济部门、各级决策部门提供统计、预测等信息,同时也为各级经济部门以至个体经营者提供经济信息。

(2)企业管理信息系统

企业管理信息系统的主要对象是管理信息,一般面向工厂、企业,如制造业、商业企业、建筑企业等。通常以企业管理信息系统作为代表描述管理信息系统,因为这是最复杂的管理信息系统,一般具备对企业监控、预测和决策支持的功能。

(3)事务型管理信息系统

事务型管理信息系统以事业单位为主,其主要对象是处理日常事务,如医院管理信息系统、饭店管理信息系统、学校管理信息系统。由于事务不同,这些信息系统的逻辑模型不尽相同,但基本处理对象是事务信息。这些管理信息系统要求实时性强,数据处理能力强,而数学模型的使用较少。

(4)行政机关办公型管理信息系统

国家各级行政机关办公管理的自动化对提高办公质量和效率,改进服务水平都具有重要意义。办公管理信息系统的特点是办公自动化,其特点和其他管理信息系统有较大不同。办公管理信息系统往往和计算机的应用、局域网的应用、计算机终端、打印机等诸多办公技术联系在一起。

(5)专业型管理信息系统

专业型管理信息系统,如人事管理信息系统、房地产管理信息系统、物价管理信息系统、科技人才管理信息系统等,这类信息系统专业性很强,信息相对专一,主要功能是收集、存储、加工、预测等,技术相对简单,规模相对较大,建成后易见效益。

另一种专业信息系统,如铁路运输管理信息系统、邮电信息系统、银行信息系统、民航信息系统等,这些信息系统的特点是综合性很强,不仅包含机关事务性信息系统,还包括企业型管理信息系统及经济信息系统等,因此被称为"综合型"信息系统。

(四)决策支持系统 DSS

决策支持系统(DSS,Decision Support System)是一个高度灵活的交互式计算机信息系统,其目的是支持解决非结构化的决策问题。DSS 的一个典型例子是电子报表(Spreadsheet)。利用 DSS 可以对企业管理信息系统中收集的数据进行分析,辅助管理者进行预测、决策。

1. 决策支持系统的定义和基本特征

决策支持系统 DSS 从产生直至今天，仍无一个统一的定义，主要原因是 DSS 迅速发展但尚未完全成熟。

DSS 的概念最早是由 Michael Seott Morton 和 Thomas Gerrity 于 1970 年提出的。1978 年，Peter Keen 和 Michael Seott Morton 发表了《决策支持系统：一个组织的远景》，DSS 引起了学术界的关注，并相继开发出一些比较成功的决策支持系统。

DSS 的鼻祖，美国夏威夷大学的 RalphH. S Prague 教授在 1980 年发表的《决策支持系统开发的基本框架》一文中，给出了两种 DSS 的不同观点。

（1）狭义的 DSS

所谓狭义的 DSS，就是能够利用数据和模型来帮助决策者解决非结构化问题的高度灵活的、人机交互式的计算机信息系统。

按照上述观点，DSS 是专门为高层管理人员服务的一种信息系统。但事实上，企业组织的所有层次的管理人员均需要决策支持。另一方面，不同管理层次上的决策往往不是孤立的，它们经常需要相互协调。

（2）广义的 DSS

任何对决策的制定有所贡献的信息系统均可称为决策支持系统。

一般认为，DSS 是一个高度灵活的交互式的计算机信息系统，其目的是支持解决非结构化的决策问题，进一步提高决策的效果。

从 DSS 的概念可以看出，DSS 是一个分析型处理系统。DSS 的目的是支持决策的制定，而不是替代决策者制定决策。

DSS 的特征可归纳如下：

①面向高层管理人员经常面临的结构化程度不高、说明不够充分的问题；

②把模型和分析技术与传统的数据存取技术及检索技术结合起来，所以 DSS 一般具有较高的分析数据的能力；

③易于使用，特别适合非计算机专业人员以交互方式使用；

④强调对环境及用户决策方法改变的灵活性及适应性；

⑤支持但不是代替高层决策者制定决策。

2. 决策支持系统的分类

DSS 包括以下几种类型：

（1）群体决策支持系统

群体决策支持系统（GDSS，Group Decision Supporting System）是支持工作小组制定决策的 DSS，是群件、DSS 功能以及电子通信的集成系统。

群件目前尚无明确的、统一的定义，关于其组成部件也没有一个统一的说法。但一般认为，群件是由三部分组成的：小组动态交流、文档管理、应用开发。

（2）地理信息系统

地理信息系统（GIS，Geographic Information System）是一种能够处理空间信息的决策支持系统。空间信息是可以以地图的形式表现的任何信息，如顾客分布、交通线路等。一个 GIS 实际上是高级图形系统与数据库技术的结合，是数据可视化的一种形式。比较著名的地理信息系统开发工具有 Map Info 等。

3. 决策支持系统的传统结构：四库三功能结构

一般认为 DSS 是由数据库系统 DB、模型库系统 MB、知识库系统 KB 和方法库系统所组成的，如图 5-4 所示。

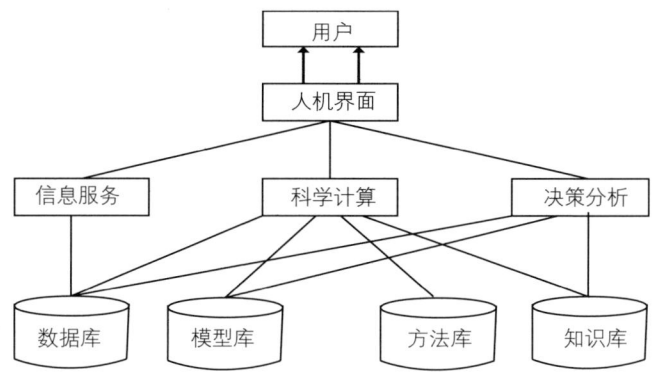

图5-4 具有四库三功能的DSS

(1) 数据库系统

数据库系统是 DSS 最基本的、不可或缺的部件，但 DSS 中所有的数据库系统与 MIS 中的数据库系统有很大的不同。一般来讲，DSS 的数据库系统中的数据是 MIS 数据库系统中的详细数据经过加工综合而成的，而且还包括大量的外源数据。

从 DBMS 功能上来讲二者亦有所不同。MIS 由于面向中层管理人员，故 MIS 的 DBMS 主要用于信息服务和日常事务处理，所以对数据的组织、查询、检索、统计等功能要求很高，此外，还要求 DBMS 提供制表、绘图、显示等功能。而 DSS 要求 DBMS 具有很强的数据预处理和数据分析的能力。

因此，数据分析能力的强弱是标志 DSS 是否成功的主要指标之一。近几年来，数据仓库 DW（Data Warehouse）技术、联机分析处理 OLAP（On-Line Analytical Processing）以及数据挖掘 DM（Data Mining）技术引起业界和用户的普遍关注，其中的一个主要原因就是这些技术都更加重视和强调 DSS 的数据分析能力。

(2) 模型库系统

模型库系统（Model Base System）是传统 DSS 的三大支柱之一，是 DSS 中最具特色的部件之一。

模型库管理系统 MBMS 的主要功能为：

①模型库与模型字典的定义、建立、存储、查询、修改、删除、插入以及重构等；

②模型的选择、建立、拼接和组合，提供根据用户命令将简单的子模型构造成复杂模型的手段；

③模型的运行控制。从调用者获取输入参数，传递给模型并使模型运行，最后把输出参数返回调用者，一个模型可能被另一个模型调用（甚至嵌套调用多层），或被对话命令直接调用，系统必须提供灵活而方便的控制手段；

④数据库接口的转换。提供了 MB 向 DB 存取数据的接口。

(3) 方法库系统

方法库系统（Method Base Systems）是综合了数据库和程序库的一个

软件系统。早期的方法库系统采用了面向多种应用的程序包，它们具有某一特定应用领域的功能程序。为了扩大应用范围，程序库中的程序按照层次结构，并通过信息服务手段来选取程序，并具有扩充程序库的功能。方法库系统应该具备的一个基本功能是可扩充性，即在组件集合（程序库）中随时可以加入新的组件（程序或方法）。方法库系统是具有扩充性的程序组件，它们可以和多种数据库相联，并有与应用有关的控制系统，它负责把特定应用的要求转换成相应的传统程序。

4. 决策支持系统的新发展

DSS=DW+DM+OLAP

DSS 是数据仓库技术（DW）、数据挖掘技术（DM）和联机分析处理（OLAP）完美结合的产物。数据仓库和联机分析处理等概念和理论的产生，为 DSS 的开发提供了一个崭新的发展方向。通过数据仓库技术，完全可以将企业的数据资源管理规范化、细致化，并且按一定的层次来管理数据，而通过 OLAP 技术则可向管理人员提供有效的动态实时分析工具。

（1）数据仓库的概念及其结构

按 W.H.Inmon 的观点，数据仓库是面向主题的、与时间密切相关的、相对稳定的数据集合，其目的是支持管理人员业务分析与决策的制定。

数据仓库的数据来源于非集成的操作环境。尽管如此，数据仓库中的数据集合在物理上是与传统的操作型系统中的数据分离的。

① 面向主题

所谓主题（Subject）是指企业或组织的高层实体，如顾客、销售商、产品等。

传统的操作型系统是面向过程或功能的，如购进、收货等。传统的操作型系统的设计包括数据库设计和过程设计两个方面的内容。而数据仓库的设计只考虑数据模型和数据库设计，因为主题是相对稳定的，而过程则可能处于不断的变化之中。正如软件开发中结构化方法和面向对象方法一样，面向主题的数据库设计将产生相对稳定的数据库应用软件产品。

② 集成

操作型系统由于是面向过程或功能的，所以在不同的应用系统中会出现以下不合理的现象：数据编码的不一致，数据的量度标准不一致。而数据仓库很好地解决了以上问题，在数据仓库中，集成使数据从命名、量度标准、编码结构以及数据的物理属性等方面均取得了一致。

③稳定性

操作型系统中，数据库中的数据经常以记录为单位进行插入、修改等操作。但数据仓库的主要目的是为管理人员的决策提供查询帮助，因此，数据仓库中的数据操作极为简单。通常数据仓库中的数据操作有两种类型：数据的载入和存取，而无须修改。因此，数据仓库中的数据是相对稳定的。

数据仓库具有一个独特的结构，按照数据的详细程度和时间性可将数据仓库分为以下几个层次：

第一，当前详细数据。强调当前详细数据有以下几个方面的原因：当前数据反映了当前的业务运行情况；当前详细数据的容量极大，因而其粒度最低；当前详细数据通常存储于磁介质上，因而具有快速的存取速度，但存储成本昂贵，并且难于管理。

第二，早期详细数据。早期详细数据是以海量存储（Mass Storage）的形式存储的，其存储效率不高，且与当前详细数据具有相同的详细程度。

第三，轻度综合级数据。轻度综合级数据是当前详细数据经过加工以后所得到的数据。通常这类数据存放于磁盘上。建立这一级的数据仓库时需解决以下两个问题：以什么时间单位进行综合？轻度综合级数据应包含哪些内容或属性？

第四，高度综合级数据。高度综合级的数据高度紧凑，并且易于存取。

第五，元数据（Metadata）。所谓元数据是指关于数据的数据，它包括以下几个方面的内容：数据的结构、综合算法、从操作型数据到数据仓库的映射。

元数据在数据仓库中起着至关重要的作用。主要体现在以下几个方面：第一，它可以帮助 DSS 系统分析师确定数据仓库的内容；第二，它是建立操作环境向数据仓库环境变换的导引；第三，它是建立当前详细数据进行轻度综合以及轻度综合级数据进行高度综合的算法的导引。

数据仓库的层次结构对数据仓库的建设和数据资源的管理是很有意义

的，它要求：

在建立数据仓库时，应按数据的层次（即详细程度）来管理数据。即使目前尚无条件建立数据仓库，也应如此，为今后的高层次的数据管理打下良好的基础。

综合级的数据来源于详细数据，是详细数据（即低层数据）经过"粗加工"所形成的。因此管理好、建设好低层的基础数据是建设数据仓库的关键所在。

详细数据反映了一个企业和组织基本的业务运作情况，通常需要有较高的准确性和可靠性，而综合性数据则主要供高层管理人员进行决策。

数据仓库的主要特征是：数据仓库是不同操作型数据库的集成；数据仓库是多维的；数据仓库支持的是决策的制定，而不是事务型处理（OLTP）。

（2）数据仓库的关键技术

在许多方面，数据仓库需要的技术并不复杂，甚至要比其前身数据库技术还要简单一些，如数据仓库中无须联机更新，也无需很复杂的加锁技术等。以下是16种数据仓库的关键技术，它们是：大容量数据的管理；多种数据存储介质的管理；数据的索引、监视；数据传送接口；程序员/设计员对数据物理存储的控制；数据的并行存储、管理；元数据管理；语言接口；高效的数据载入；高效的数据索引；数据的压缩；支持复合键；支持变长数据；锁的管理；支持唯一索引处理；快速的恢复。

除了以上所指出的这些技术外，有几项是对数据仓库的建设至关重要的技术。它们包括：

①多维数据库技术（MDD）

多维数据描述了数据项之间存在着一对多和多对多关系。多维数据库技术（MDD）是OLAP技术的基础，是表单描写的一个自然数据库服务器扩展。与关系数据库所提供的表单系统不同，一个MDD服务器并不限于二维查询处理，它可以管理许多维的数据。

②数据抽取技术

数据仓库中的数据来源于基层的操作型数据库，因此，数据从操作型数据库进入数据仓库时要进行大量的操作，如转换、过滤、综合以及结构上的变化，所以如实地记录这些变化的情况是很重要的。数据仓库采用了元数据的管理技术。元数据的主要作用包括：数据仓库中的元数据是跟踪数据变化的理想场所；数据仓库中的数据结构在较长的时间间隔中不可能保持不变，而跟踪数据仓库中数据结构的变化是元数据的另一个作用。

③查询优化技术

由于数据仓库的更新操作极少，因此，对数据仓库而言，数据查询是其主要的操作之一。数据仓库管理系统 DWMS 应具备以下功能：

- 提供 SQL 语言接口；
- 提供多种索引技术；
- 提供多维查询功能。

④动态实时多维分析功能

建立数据仓库的目的是为管理人员进行决策提供有用的信息。因此，除了建立数据库和数据仓库之外，还必须提供有效的数据分析工具，而这正是联机分析处理（OELP）的功能。这些工具包括：

- 时间序列分析——时间是数据仓库中最重要的一维，也是决策分析重点考虑的因素之一。时间序列分析主要用于短期预测分析。
- 相关性分析——时间虽是影响决策分析的一个主要因素，但并不是唯一的一个因素。成功的决策还需考虑其他因素，如地理环境、商业区居民的收入水平和顾客消费习惯、心理等。

（3）OLAP 的基本特点和功能

联机分析处理 OLAP 最早是由 E.F.Codd 在 1993 年首先提出的。联机事务处理 OLTP 的对象是大量的事务，每个事务中有相对小容量细节数据，而 OLAP 系统则注重对相对大容量的、主要是聚合的数据进行分析，其基本特征是综合用户数据进行动态实时多维分析，提供给用户快速一致的查询响应速度。

OLAP 通过检查历史数据，确定其发展趋势和异常的情况，并找出导致异常的原因，从而为管理人员制定决策提供有效的帮助。这一概念包含了以下几个方面的内容：

• OLAP 应能够提供在给定时间框架里进行信息检索的功能；

• OLAP 应能够支持多维"信息片"查询；

• OLAP 应提供以时间为坐标的时间序列分析功能；

• OLAP 应有支持不同维的数据相关分析的功能，如两种看起来毫不相干的产品类型的销售量相关分析。

OLAP 应具有以下功能：

• 数据的切割功能，即可以按照用户所需查询的那部分数据；

• 透视功能，即按照数据层次管理从上层钻透到下层去取数据，以满足用户的查询需求；

• 寻觅功能。即可按照用户特定的和个别的需求去查找数据；

• 回翻功能，即可追溯用户查找数据的全过程。

现代的商业信息系统大多是以数据库为中心进行建设的。早期的信息系统主要围绕着计算机事务（交易）系统建立，而以事务为导向的系统强调重视时效性、高速度、安全性，并且按照业务运行过程来组成，数据处理量小，日常操作频繁。因此，这些系统均属于联机事务处理 OLTP 的范畴。但是，OLTP 往往满足不了现代决策的需要。现代决策需要的是灵活的、快速的、实时的、综合的联机数据分析系统。

OLTP 与 OLAP 实际上是为适应不同层次的业务需求并行存在的。OLTP 中主要存储的是直接反映企业业务运行状况的基础数据，其数据多采用成熟的关系数据库管理系统（RDBMS）进行管理。而 OLAP 则主要存储的是经过加工处理后的基础数据，即综合性数据，这些综合性数据是管理人员进行决策时的重要依据，主要采用近几年刚刚发展起来的数据仓库（DW）技术进行管理。因此，只有将数据仓库技术与联机事务分析技术很好地结合起来形成决策支持系统，才能为管理人员，尤其是高层管理人员提供有用的决策信息。

（4）数据挖掘技术（DM）

数据挖掘是从数据库或数据仓库中发现并提取隐藏在其中的信息的一种技术，目的是帮助决策者寻找数据间潜在的关联，发现被忽略的要素，而这些信息对预测趋势和决策行为是十分有用的。数据挖掘技术涉及数据库、人工智能（AI）、机器学习和统计分析等多种技术，它使决策支持系统（DSS）跨入了一个新阶段。传统的 DSS 系统通常是在某个假设的前提下通过数据查询和分析来验证或否定这个假设，而数据挖掘技术则能够自动分析数据，进行归纳性推理，从中挖掘出潜在的模式，或产生联想，建立新的业务模型，帮助决策者调整市场策略，并找出正确的决策。

（5）DSS 的新发展

数据仓库（DW）+联机分析处理（OLAP）+数据挖掘（DM）多年的实践表明，决策支持系统传统的三部件结构（人机接口、模型库、数据库）并没有为提高决策效果起到想象中那么大的作用。究其原因，主要是对 DSS 的分析功能强调不够。DSS 主要是面向分析的。数据仓库为 DSS 提供了进一步分析的对象；而联机事务分析和数据挖掘则为 DSS 提供了分析的工具。因此，数据仓库、联机分析处理和数据挖掘为 DSS 提供了一个崭新的发展方向，如图 5-5 所示。

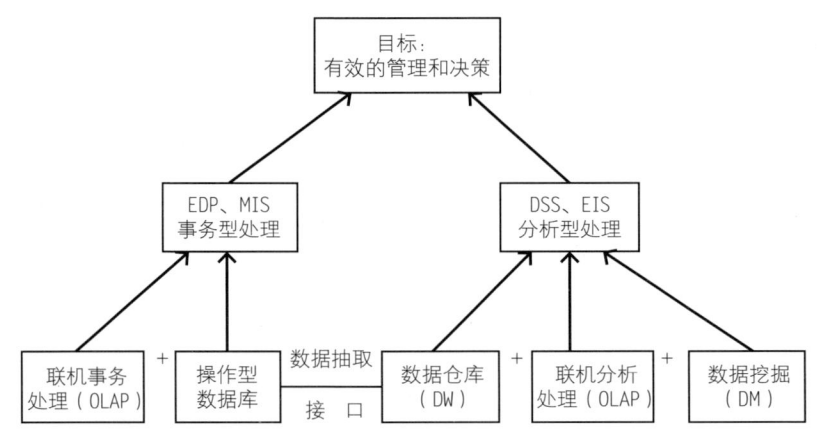

图5-5　DSS的新发展：DSS=DW+OLAP+DM

5. 管理信息系统学科与其他学科的关系

管理信息系统是一门综合性的边缘学科，它涉及社会和技术两大领域，是应用了管理科学、计算机科学以及数学等研究成果而形成的一个新的学科体系，图 5-6 表示了本学科与其他学科之间的关系。

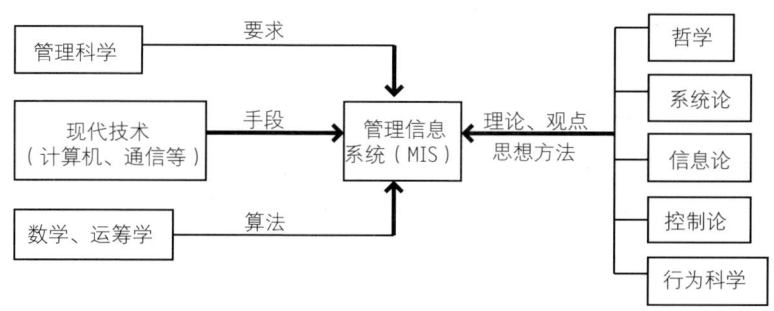

图5-6 管理信息系统与其他学科的关系

管理信息系统首先是管理科学的发展，换句话说，管理科学向管理信息系统提出了要求，它是产生本学科的直接原因。管理信息系统同时又是依赖于现代技术而形成的。面对现代化管理活动中大量的、复杂的数据，没有现代技术的支持是难以完成数据的加工处理的，更谈不上对管理进行预测、控制，进行决策。

管理信息系统中的预测和决策功能，必须运用数学和运筹学的方法和模型来实现。

此外，管理信息系统还从哲学、系统理论、信息论、控制论和行为科学等学科吸取了有用的观点、概念和方法，使管理信息系统成为具有很强的综合性和明显的实践性的一门技术科学。

管理信息系统是管理理论与信息技术的综合体，不能脱离管理科学单纯讲信息技术。可以从不同角度去认识理解该学科，一是从技术方面，考虑信息技术如何应用于管理活动，如何用信息技术来解决某些问题，如企业重组、组织行为学、管理模式、预测和决策等；另一方面则是从管理方面出发，考虑为解决管理中的问题，如何寻求信息技术的支持。站在系统、全局的视角上是非常重要的。

三、现代商业

商业企业是专门从事商品流通经营活动和服务性活动的特殊企业，是国民经济的基本单位。商业物流是商业企业经济活动的主要内容，在商品进销存活动中建立基于商品流、信息流和资金流的现代商业动态物流模型，对充分利用各种商业信息、加快商品流通、加速资金周转、提高商业企业经济效益具有重大意义。

商业自动化管理信息系统是专门用于商业企业事务处理的管理信息系统。它是现代商业迅速发展的必然要求，自动化管理系统的开发是一项涉及到人、财、物和时间的重大系统工程。开发一个科学、合理、先进、切实可行的自动化管理信息系统可以充分收集商品进销调存活动中的各种信息，经分类、汇总、统计、分析、预测后支持商业企业的经营管理决策。商业自动化管理信息系统的实施同时也将有助于商业企业经营管理的规范化和标准化，加速商业现代化的进程。

（一）现代商业基础

1. 商业企业

英文中商业为 Commerce，它是拉丁语 Com（用）与 merx（商品）组合而来的外来语。从内涵上讲，商业被认为是商品交换的发达形式，是与农业、手工业等相比相对独立的社会经济部门。

企业是社会化大生产的产物，是在商品经济发展到一定阶段而产生的一种经济组织形式。企业作为一个经济范畴，必须具有经营上的独立性和自主权，它不是国家行政机关的附属物。同时，企业又不同于政治组织、行政组织、事业单位、福利机构等，而是以营利为目标的经济实体。

商业企业是专门从事商品流通、经营和服务，并独立核算的经济单位，也是商业活动的基本细胞和商业组织的基本形态，是一种特定的企业形式。作为专门从事商品交换活动的经济组织，商业企业的基本职能就是从事商品购销活动，组织商品从生产领域到消费领域的流通，实现商品的价值和使用价值。商业企业在社会再生产过程中处于生产与消费之间的中介地位，是联结社会再生产起点和终点的纽带，是社会再生产顺利进行的保证。商业企业作为国民经济的基本单位，既是商品流通的具体组织者，又是国家财政收入的提供者。商业企业在创造社会就业、发展社会福利、提高公民生活质量、建设社会主义物质文明和精神文明上发挥重要的作用。

按照分类方法不同，商业企业可以有多种形式。按照其生产资料所有制性质可分为国家所有制、集体所有制、个体所有制、股份制、中外合资经营、中外合作经营、外商独资经营商业企业等。按照在商品流通过程中的地位和作用，可分为批发性和零售性商业企业。按照经营方式可分为自营性、代营性、联营性、租赁经营性、承包经营商业企业。按照组织形式可分为一店型、多店型、母子型、经济联合体商业企业。按照业务性质可分为商品经营、商品加工经营、仓储运输、饮食服务、信托贸易、贸易货栈商业企业等。商业企业种类繁多，在此不一一列举。

2. 商业物流

（1）物流起源

物流一词最早源于美国，第二次世界大战期间由军事后勤演变而来，后被日本引进并得到了发展。

第二次世界大战期间，与军队相关的运输、仓库的收发粮食、服装、武器弹药等军需供应后勤活动被统称为物流，一直到20世纪50年代，物流的概念都没有大的变化。

随着企业活动的逐步深入发展，人们渐渐认识到，不管什么企业，其经营活动必然伴随着大量物品的运输、储存、包装、装卸、搬运等活动，包含着大量资金的周转、损耗和利用，企业的经营是一个繁琐的、复杂的多环节活动。为了保证企业在生产、销售上有足够的灵活性，适应订货量变化、交货要求变化的需要，同时在订货、保管、销售等方面同生产经营一样，尽量降低成本，尽可能增加利润，就逐步将物流概念及其技术应用于企业运作。

到20世纪六七十年代，物流的内容扩充为如何有效地计划、组织与控制，将生产商提供的商品以最快的速度传递到消费者的手中。20世纪80年代，美国物流管理协会将物流定义为将原材料、半成品及成品有计划地从生产地转移到消费地的各种流通活动，例如，订单处理、需求预测、采购及库存管理等。

（2）商业物流

在流通业中的商品活动又称为商业物流。从经济学的观点讲，商业物流是指商品的实体运动，是商业经济活动的物质内容。尽管成千上万种商品的流通极其复杂，但商业物流总是一个以生产为始点、消费为终点、社会使用价值为内容的新陈代谢的运动过程。从实际应用角度讲，我们认为可以将商业物流简单地理解为商品从供货商到消费者间的所有流通活动，一般指有批发或零售权的商业企业实体或实体群从供货商处购进商品，经运输、储存、销售等环节，采用一定的营销策略将商品转移到消费者过程中的一切商品流转活动，它是生产、流通和消费活动共同的"后台"。这种意义上的物流是包括商品交易活动的广义流通，是商品所有流转活动的总和，如图5-7所示。

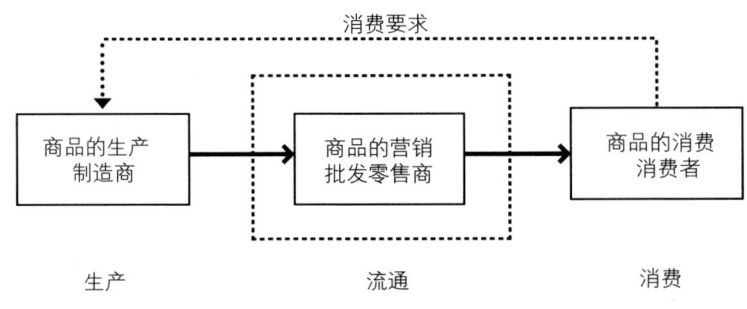

图5-7　商业物流图

在这种流通过程中，循环的速度越快，则商品的流通速度越高，流通量增加，库存积压减少，资金占用率降低、周转率加快，流通过程产生的经济效益也越大。如何进行有效的管理，加快这个过程，是商家一直研究和努力的方向。从传统走到今天、从手工走到自动化、购物环境的变化、销售手段的变化，服务内容的增多，管理手段的现代化等，不断引起商业管理的革命性变化。然而，不管如何变化，商业物流的本质和内核总是不变的。

（3）现代商业的物流模型

随着现代商业的发展、商品种类的增多、人们购物方式的转变、销售量的增大、服务项目的增加和销售手段的多样化，商品、资金和信息的流通越来越快，带来的管理问题也越来越复杂，大量的商品和流通过程中的各种问题，已使得传统的凭经验的模糊管理方法无所适从。如何引入现代化的管理模式和管理手段，以定性、定量技术，结合科学方法管理现代商

第五章 大型商业自动化管理信息系统

业流通已成为必然。通过对商品流通过程中大量信息的科学综合，可以正确分析中间环节的优劣原因，准确有效地把握商业循环的速度、循环营销过程的赢利、盈亏状况及原因，杜绝流通环节中的漏洞，寻找最佳路径，避免无效循环，加快物流过程，从而优化商品流通过程，充分提高该过程所能产生的经济效益和社会效益。

商业自动化管理既是对包括商品、资金、信息的客观行为过程的管理，同时也是对客观商业过程的信息进行分析，促进商品流通的决策行为过程的管理。商品流通过程中存在三种重要的内容流：商品流、资金流和信息流，它们是管理者正确指导物流必须要掌握的内容。其中商品流是流通过程的物质基础，它引导其他两种流的走向；资金流直接制约商品流的流量，具有正向驱动作用；信息流穿梭于其他流之间，贯穿于物流过程的始终，表现为各种基本信息、票据资料等，它是分析商品流，导向资金流，进行经营决策的重要依据，从本质上讲，三种流遍布于商品流通的各个环节，三者相互统一。如果资金流和信息流能够实时地跟踪商品流，便可以形成一个比较理想的动态物流体系。

我们来看一下商业企业的两种典型形式——非连锁经营的超市和大型商场的物流情况。

超市的经营活动，如图 5-8，存在着明显的商品流。商品可以从供货商手中转移到超市，进入超市仓库。超市所进的商品也可以退还给商品供货商。如果实行仓架两级管理，可以将商品从内仓转移到货架，再由顾客挑选。也可以将商品从货架退还给内仓。如果不实行仓架两级管理，则仓库中的商品直接由顾客消费。对于大宗交易，超市可以将内仓中的商品直接批发给客户。

在超市的经营活动中也存在着明显的资金流。超市从供货商购进商品，必须支付货款，产生相应的付款活动。超市将商品批发给客户，也必须收取货款，产生相应的收款活动。商品由超市零售给消费者，收银员将从顾客处收得的营业款项上缴，产生相应的交款活动。超市内部的商品调价、商品溢缺、商品盘点，也会导致商品资金流的潜在运动。

超市经营活动中的信息流伴随着商品及其资金的迁移而迁移，无处不有，并以各种原始票据、统计图表等作为主要表现形式。如商品进货，需要填写进货单；商品退货，需要填写退货单；商品盘点，需要填写商品盘点单；商品销售需要产生各种统计报表等。

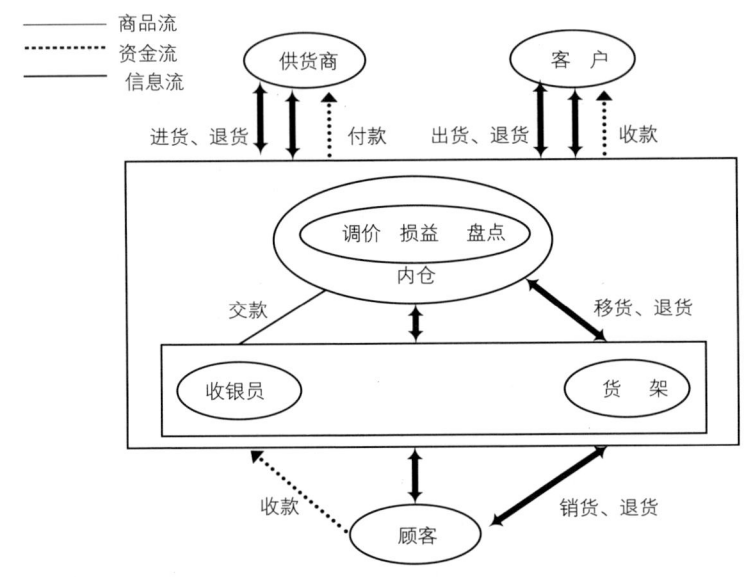

图5-8　超市商品流、资金流、信息流分布图

由于商场一般采用商场—部门—柜组三级或商场—柜组二级管理模式，商场中的物流情况和超市既有共同点，也有不同点，如图5-9。例如，商场所进的货可以进入仓库，也可以直接进入柜组。商场柜组既可以向仓库申请商品，也可以将商品退还仓库，完成商品在商场柜组和仓库间的移库操作。商场的柜组与柜组之间可以进行商品的相互调拨。至于商品批发性交易业务，则可以直接从仓库或商场柜组出货给客户。商场商品的零售则以柜组作为基本部门，完成商品从销售商到顾客的最终消费环节。商场除内仓进行损益盘存工作外，店面以每一个柜组为单位进行商品的报损报溢、盘点。商场除了正常的经销活动外，也采用联营、代销等经营方式。随着商品经济的迅速发展，商场经营方式、管理模式等也在不断地变化和发展。

第五章 大型商业自动化管理信息系统

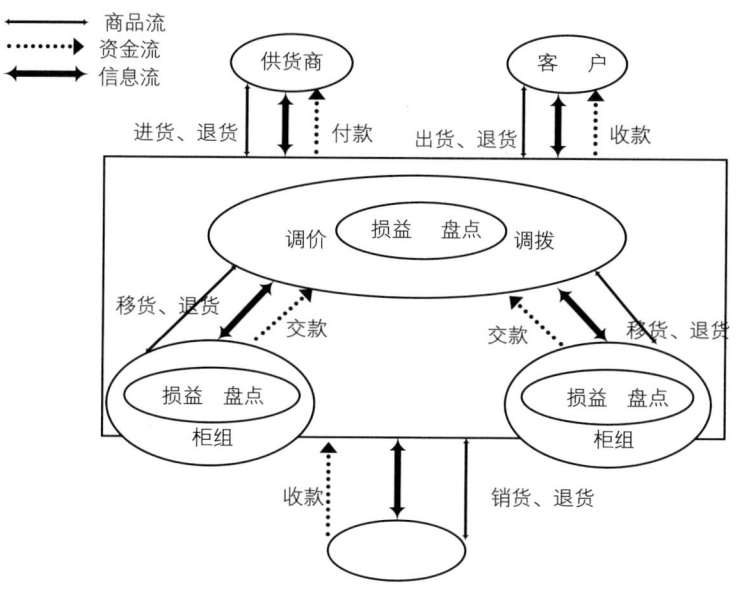

图5-9 商场商品流、资金流、信息流分布图

由于各个超市、各个商场的经营方式不同，管理模式不同，各商业企业的实际物流都有一定的个性。但是，不管如何，现代化商业企业的经济活动有其共性，即现代商业物流的最基本经营活动是进、销、存，如图5-10所示，商业自动化管理中最基本、最重要的就是对商品的进、销、存活动进行自动化管理。

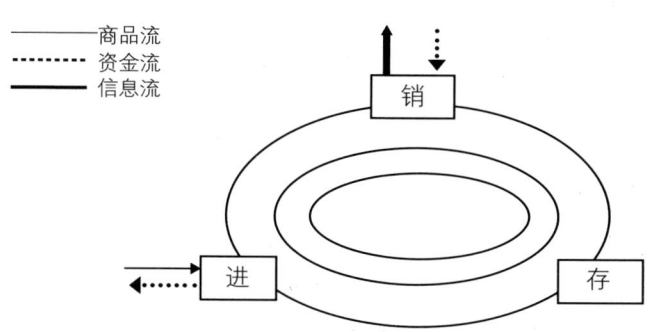

图5-10 商业物流环图

"进",即商品的采购,意味着资金的投入、商品的增加;"销",即商品的销售,表示资金的回收、增值及商品的减少;"存",即商品的储存,反映出资金的占用、费用的增长和商品的库存情况。进销存各环节相互联系相互依存,共同构成物流的全过程,同时又具有相对的独立性。商品的采购是整个物流过程的起点,它为商品销售提供销售对象,所采购的商品是否适销对路、价格是否适中、数量多少、质量优劣将直接影响商品的销售,采购地点的远近还会影响商品的储存。商品的销售是整个物流过程的关键,是物流过程的主要内容也是重要内容。如果商品无法销售出去,则既阻碍物流的正常秩序,也影响资金的周转、库存的积压,反过来制约商品的采购环节,导致商业企业无法进行正常的业务经营。商品储存包括商品的储存数量、库存品种结构等,它不仅直接影响商品的销售、采购,而且也直接影响资金的积压和运作,合理安排库存才有利于经济效益的提高。

商品的采购和销售,形式上存在着商品实体运动的"物流"性质,同时本质上又表现为以货币为媒介,以商品在不同企业之间、企业与消费者之间、批发商与零售商之间转移所有权为特征的"商流"。商品储存只表现为以实现商品实体在空间位置上的变换而进行必要的加工、整理为特征的"物流"性质。从整体上讲,商品销售是整个商业物流过程的核心和关键,商品的采购和储存均为商品销售服务,但是它们又互为条件,相互影响,共同构成商业企业的经营过程,保证商业物流的连贯性、完整性。

商品的进销存信息和其他管理系统有着密切的联系,可以为其他财务、决策管理等系统提供正确、及时的信息依据,进销存的管理水平是决定商业企业经济效益的关键所在。

商品流、资金流和信息流与商品的进销存相伴而生,遍布于进销存的各个环节。不断变化的商品流、资金流和信息流构成了不断循环的进销存活动,如图5-10,形成了现代商业的动态物流模型。

商业企业的自动化信息系统依据商业企业中的各种单据、凭证、业务记录、报告、表格和图表等经济数据信息流,经加工整理、分析研究后对企业的进、销、存经营管理活动进行指导决策。商品流、资金流、信息流与进、销、存活动的糅合和不断循环形成的动态物流模型,是商业企业自动化管理系统开发的基础。

3. 现代商业企业管理

现代商业企业管理是指人们在一定的生产方式下，依照一定的规律、原则、程序和方法，借助计算机等现代先进的科学理论和技术手段，对商业企业的人、财、物等各种资源及其经济活动进行合理的计划、组织和安排，以保证企业各种物流活动的顺利进行，促进企业的发展，创造最佳的经济效益。

现代商业企业管理既是社会劳动过程中分工协作、共同劳动的必然要求。同时，也是一定的社会生产关系的要求，是维护社会生产关系、实现社会生产目的的重要手段。商业企业的生产力发展水平、生产的社会化程度越高，企业对现代化管理的要求也就越高，依赖性就越强。商业企业生产资料的所有制性质不同，商业企业管理的社会性质也就不同。我国目前正处于经济改革的大潮中，在从计划经济向社会主义市场经济逐步过渡中，商业的整体素质还不够高，因而严重地制约了市场经济的繁荣和发展。要实现商业现代化，商业企业的管理必须要借助于先进的现代电子技术及现代信息技术，逐步实现现代商业企业管理的信息化、规范化和自动化，正如内贸部（94）函科字第389号《关于加强流通领域电子计算机及电子技术推广应用的实施意见》中说的，"在国家有关发展电子信息技术的方针政策指导下，以提高经济效益为中心，加快流通领域电子信息技术的推广应用，提高流通企业管理现代化、信息化、自动化水平。"

现代商业企业管理内涵丰富，涉及面广，其中的各种管理原理，如系统原理、整分合原理、反馈原理、封闭原理、能级原理、动力原理、弹性原理和现代商业企业中的定性、定量等分析方法，甚至现代商业企业管理中的思维方式等，对现代商业企业的经营管理，及自动化管理系统的开发都具有普遍的指导作用。

（二）现代商业自动化管理信息系统

商业自动化管理信息系统，又被称为商业管理信息系统，简称 **MIS**。它是在商业企业内全面应用计算机、数据库及网络通信等技术，实现商业企业业务数据的综合处理，并借助于定量数学方法对商业企业的经营和管理活动提供辅助决策的计算机系统。

我国商业企业开始应用自动化管理系统始于20世纪80年代初，主要是零售和批发企业的信息管理。虽然十几年来取得了一定的进展，但计算机在商业领域中的应用深度和广度还很不够，这就需要商业企业的领导、管理人员和技术人员从思想上重视它、从行动上支持它，密切配合、统筹规划，开发出适合自身实际情况的商业自动化管理信息系统。

1. 商业自动化管理信息系统的整体结构

目前一般将商业自动化管理信息系统的整体结构确定为POS+MIS，也就是说，系统从整体上分为销售点系统和进销存管理系统两大部分，如图5-11所示。

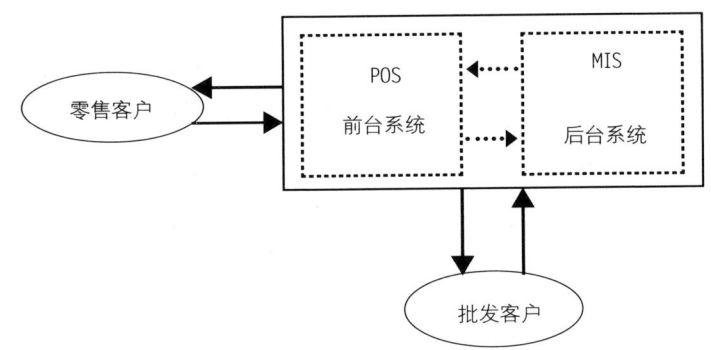

图5-11　商业自动化管理信息系统的整体结构

销售点系统又可称为前台系统，是指在商场、超市等商业环境下，通过收银员的实际操作，直接和顾客发生联系，完成商品的消费。

进销存管理信息系统又可称为后台系统，和供货商发生联系，完成商品的采购。在为前台系统提供商品货源的同时，可以直接进行商品的批发销售。后台管理系统还需要对内部自身的库存等进行管理，保证商品流通的顺利进行。前台系统运行所必须的资料由后台系统统一设定提供；前台系统所产生的资料也将由后台系统统一分析汇总。

自动化管理信息系统中前台和后台的划分是相对的。例如，在前台系统中可以对商品零售进行基本的销售统计，但也可以将所有的销售统计工作放到后台系统中去。根据商业企业实际经营、管理的需要，可以对具体

的功能分配进行合理的安排和调整。

2. 商业自动化管理信息系统的开发

商业企业自动化管理信息系统的开发显然是商业企业所特定的，因而对商业企业的各种经济活动必须进行深入的分析和升华。同时，作为一个自动化管理系统，它还涉及到计算机技术、数据通信技术、条形码扫描技术、数据库技术、数学、经济等诸多内容。商业自动化管理信息系统的开发需要各方面科研人员、技术人员和管理人员的互相配合、支持和协调，因而是一项系统性的工程。

商业企业自动化管理信息系统的具体开发，和一般计算机软件系统的开发相似，通常要经过系统分析、系统设计、系统实现和模拟运行四个主要阶段的工作才可能保质保量，按期投入运行。

（1）系统分析

系统分析是针对商业企业的基本状况（如企业体制、经营规模、经营范围、物资设备、资金等）、商业企业现行的管理信息系统状况（如已具有的功能，不方便、不合理或不存在的部分，自动化程度，设备技术手段的适用程度等）进行技术上、经济上、实施上的可行性分析，通过对商业企业的业务活动（业务组织机构，进销存等经营管理活动中的各个环节等）、商业企业中的信息流程（商品信息的认识及其收集）进行详细的调查总结，确定自动化管理系统的整体目标和系统的各项功能。

系统分析工作的主要工作量及工作重点应放在商业企业的业务流程和信息流程的正确分析、归纳和总结上，通过对现有系统的剖析，根据新系统的规划目标，推导出新系统的逻辑模型。

系统分析阶段应提交系统可行性分析报告和系统规格说明书。

可行性报告，是在初步调查的基础上，对系统目标和功能进行可行性分析，包括技术上的可行性（主要是技术条件和技术设备）、经济上的可行性（应将系统费用和系统能产生的效益相结合）、实施上的可行性（除技术和经济因素外，人为或社会因素对系统开发的影响，特别是思想观念上的阻力）。

系统规格说明书（SPEC）是对系统分析工作的较全面的总结，内容包括企业自动化管理现状、系统整体目标和主要功能、新系统模型的完整描述等。系统模型的描述根据所采用的系统分析方法的不同而不同，如基于数据流图、数据字典的结构化分析方法是传统的系统分析方法，面向对象技术是当今系统分析方法的一大发展热点。

（2）系统设计

系统设计是根据系统规格说明书的要求，对新的自动化管理系统进行总体性的结构设计。传统的结构化设计技术，提供了一系列的原则和方法用来指导系统规格说明书中的逻辑模型向系统结构的变换，指导系统的模块结构设计。系统设计既要借助于系统结构图从整体上对系统的结构进行模块性描述，也要对系统处理主要环节中的输入输出参数和格式、文件及数据库等进行详细的说明。

由于输入输出中的用户界面在系统投入运行后直接面对操作用户，因而极大地影响着系统的可操作性、友好性和系统的可接受性，所以应仔细设计出友好的人机交互界面，并可以将其作为构造快速原型的依据之一。

随着整个社会信息化的发展，数据库所处的地位日益提高，自动化管理信息系统中信息量的大大增加，使得数据库的设计越来越重要。传统的数据库设计方法是借助实体—关系图，对数据库中的各个要素及相互间关系进行深入的概念性描述，并将数据库的概念设计根据特定的数据库管理系统进行合理的物理转换。

（3）系统实现

系统实现又可称为系统编程，系统编程是根据系统规格说明书所描述的功能，基于系统规格说明书进行具体的编码实现。对系统的每一功能模块应提供程序流程图描述。

由于当今程序设计的一大趋势是面向对象的可视化程序设计，因而出现了大量适宜具体程序实现的面向对象可视化的集成开发环境。通常这样的集成环境基于 Windows 及其更高的操作系统，支持图形用户界面，支持多用户多进程，采用事件驱动的程序设计方法。

系统编程工作量相当巨大，因此系统分析和设计工作必须尽可能做得正确、完整，这样才能减少系统编程中变动、返工的可能性。

（4）模拟运行

系统编程基本结束，或主要模块已能运行后，可以建立一个模拟试运行环境，搭建一个软件、硬件以及网络均和将来实际要运行的环境相似的模拟环境。这样，可以让软件在模拟环境中进行试运行，尽早发现程序设计和实现中的弊端，更正程序中的漏洞和错误。同时，允许用户介入模拟系统的运行，既可以使用户尽早认识和熟悉系统，又可以确认和验证程序是否满足用户的需求。

现代商业企业的自动化管理系统不同于一般简单的人事、库存管理等系统，一旦投入使用，系统内的错误或异常对商业企业经营和管理活动造成的不良影响和后果是难以预料的。一个有严重错误的系统甚至有可能使整个企业的经营和管理陷入混乱，后果不堪设想。所以，系统的模拟运行，在商业企业自动化管理系统的开发中相当重要。现代商业企业自动化管理信息系统的开发，不一定要拘泥于某一框框，可以根据实际应用规模、应用环境等具体情况，对所采用的系统开发模型、开发方法、开发工具及环境等进行合理选择和调整，可以采用原型技术，可以适当合并、简化开发步骤，可以深入细化开发环节，可以采用单一开发工具，也可以多开发环境混合使用等。

商业自动化技术与应用

第二节
系统分析与设计

商业自动化管理信息系统往往是一个非常复杂的系统,它既受内部环境的互相影响,又受外部环境的制约,需要考虑的问题很多。对这样一个相互关联的复杂系统进行系统分析设计是整个系统开发中的重要环节,必须遵循一整套合理的分析设计原则。现以南宁百货大楼商业自动化管理信息系统的分析设计为例,较全面、详尽地介绍商业自动化管理信息系统开发与实施的各个环节及其过程,着重研究分析商业自动化管理信息系统中经营决策分析子系统的分析与设计。

一、系统分析

管理信息系统是能够产生并向系统用户提供有用信息以便其作出决策的系统。开发管理信息系统的最终目的是为管理提供信息,以便能更好地完成企业的各项任务。研制人员与用户都确认项目可行之后,系统的开发就进入了系统分析阶段,系统分析的重点是对系统的要求进行分析,即首先对组织各部门、各业务系统进行详细了解,并在此基础上进行分析,确定用户需求,提出新的方案。

系统分析是建立管理信息系统的关键,不进行认真的系统分析,就不可能建立一个完善可靠且切实可行的管理信息系统。

详细调查

系统分析的首要工作就是详细调查。系统分析的详细调查就是要深入弄清企业中信息的处理及流程、组织结构图、业务流程图等。

1. 组织机构调查

要了解一个企业的整个活动状况，首先应从组织机构调查入手，这样才能更好地了解企业概况。

这项调查的目的主要是了解企业组织机构的划分以及它们的相互关系，因为物资和信息流动是以组织机构为背景的。调查结果可用组织结构图的形式表示。组织机构调查包括：企业概况调查、企业组织机构调查、企业特点调查。

下面以某百货大楼的系统分析调查为例，说明组织机构调查的方法。

（1）企业概况调查

某百货大楼，始建于1956年2月，于1993年2月进行股份改组，是一家大型的百货零售兼批发企业。公司分南北两楼共设28个专业商场和一个批发部，南楼营业面积8000平方米，楼高7层；北楼营业面积44000平方米，楼高10层，仓库使用面积9000平方米，共5层楼。公司目前采用传统的三级管理、二级核算、内部银行的管理模式。商场为独立经营独立核算的经营实体，一切进销存业务都在商场，业务部负责对商场的监督和管理，配送中心只负责少量重点商品的配送。公司除南楼家电商场的进销存业务实现计算机管理外，其他都是手工操作。

（2）企业组织机构调查

如图5-12所示，以大楼现有的组织机构为基础，综合大楼的意见，提出运行管理信息系统后的组织机构及职能，只涉及与业务相关的部分，根据实际情况进行调整。

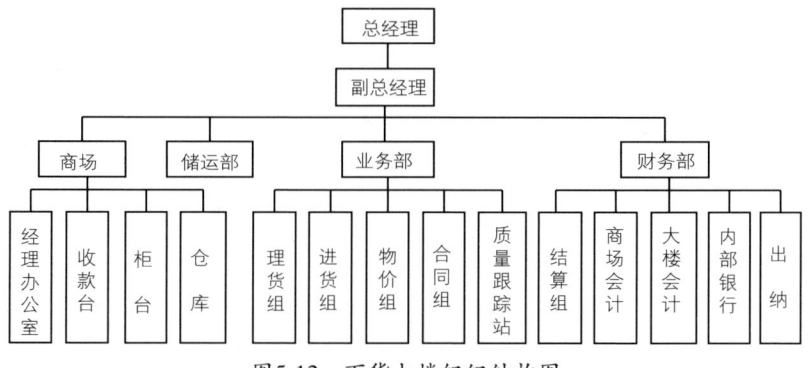

图5-12 百货大楼组织结构图

（3）企业特点调查

百货大楼是一家国有股份制大型、综合性现代化商业零售兼批发企业共有员工 2000 多人。

系统分析中的组织结构调查、组织结构图并不是分析的最终目的，最终目的是通过组织结构图来确立哪些部门是最要紧的，哪些部门应先建立系统，哪些部门可后建立系统，设备配到哪些部门，共需要多少设备。

2. 确定系统目标

系统目标是今后新系统的行动标准和评价标准。在系统分析阶段一定要明确开发新系统的动机、目标和方针。

（1）动机

建立管理信息系统的动机不是赶潮流、装门面，而是提高企业的事务处理工作的质量，使企业内信息流通体系能协调一致地运行。在明确应用目的的前提下，能够建立起适应经营管理、具有扩充性和灵活性的系统。同时，也是为了尽可能快地收集信息、分析信息，为领导决策提供信息参考。

（2）基本目标

根据百货大楼实际情况，结合现代商业的发展方向，对百货大楼商业经营与管理模式提出以下基本要求：

大楼将形成进、销分离，统一购进、统一配送、统一定价、统一核算（以下称四统一）的经营管理模式。但还要有一个过渡期，在过渡期内，实行"二级管理、二级核算"的管理模式，保留内部银行机制；通过制定合理的指标体系，利用计算机进行信息的集中管理，加强监控能力。

集约化经营的重要问题是进货管理。大楼将加大进货管理力度，按对进货管理的权限，将商品划分为两大类：大楼统一购进商品（以下称统购商品）、商场自行购进商品（以下称自购商品）。大楼逐步扩大统购商品的范围。

对自营（含经销、代销）商品核算到单品，管理到批次。核算方式为进价核算，如销售成本及对外结算等，原则为先进先出。

理顺并规范统购商品和自购商品的进货管理流程以及其他各项事务的业务流程。大楼以现有的指标体系为基础，结合计算机系统运行后所提供的数据，制订出可操作的考核指标内容以及计算规则，有利于对商品流转环节及各岗位人员的监督。

根据百货大楼提出的基本要求和现代商业经营与管理理论，以百货大楼现行业务为基础，借鉴其他商业企业的管理经验，结合百货大楼今后发展的方向，充分利用计算机对商业信息的加工与处理的强大能力和对信息反馈的实时性，在对机构和人员不做重大调整的前提条件下，建立既规范、合理、完善，又有较强灵活性、具有百货特色的新型商业经营与管理模式及百货大楼商业自动化管理信息系统。

（3）实施方针

根据所确定的基本目标，新系统要分阶段进行实施。如果各个部门同时都用计算机管理，那么就会拉长新系统建设周期，造成建设资金紧张，人力不足。因此，需要提出第一阶段哪些部门（如经营部门、财务部门）使用计算机管理，第二阶段哪些部门（如管理部门）使用计算机管理。

第一期系统建设的主要任务：

根据系统建设总目标，系统建设应分期、分阶段完成，第一期系统建设的主要任务是在一定的时间（争取在一年）内最终建成覆盖百货大楼进销存全部业务功能的、具备现代化通信手段和管理技术的、先进的、科学的商业管理信息系统，具体内容包括：

① 建立百货大楼通信网络主干系统，它能根据需要支持、连接和管理百货大楼所属的子网络系统，并具备与上级及有关部门跨区域联网通信的能力；

② 建立楼层子网络，实现零售业营业场所前台收款机与后台服务器间的数据传输网络；

③ 建立百货大楼业务管理信息处理系统；

④ 建立零售业专业化数据库和百货大楼分布式综合数据库；

⑤ 建立以进、销、调、存为主要内容的实时信息处理系统，从而实时动态处理商品销售及库存信息，完成商品进、销、调、存的业务处理、管理、核算和分析，最终实现各商场业务处理自动化。

第二期系统建设的主要任务：

① 建立百货大楼辅助决策支持系统的数据结构，为未来的百货大楼决策人和管理者提供动态分析及预测的工具和模型；

② 开发或协调设计与其配套的保安监控系统、广告促销系统、电视监控系统、消防安全系统、多媒体商场引导系统、电子订货、电话购物及商情信息等子系统的接口系统。

实施计算机系统管理方案后，将为南宁百货提供现代化的购物环境和科学化的管理手段，并为保持并加强其在商业领域的领先地位奠定基础。南宁百货商业自动化管理系统要达到国内领先水平，在信息化的社会中，以准确、快速的经营决策，以较高的经济效益使其不断地发展壮大。

3. 系统现状调查

在确定了系统目标，真实地了解企业系统化业务的现状，并掌握业务工作及管理工作上存在的问题之后，进行新系统设计前，必须对现行管理系统进行深入调查。

调查的重点是：管理模式现状、业务流程现状、现行编码体。

（1）管理模式现状

百货大楼目前采用传统的三级管理、二级核算（售价）、内部银行的管理模式。商场为独立经营、独立核算的经营实体，一切进销存业务都在商场，业务部负责对商场的监督和管理，配送中心只负责少量重点商品的配送。公司除南楼家电商场的进销存业务实现计算机进行管理外，其他都是手工操作。

目前，随着国家经济体制由传统的计划经济向市场经济的转变，经济增长方式由粗放型向集约型的转变，老的大型商业企业开始进行经营与管理的理念、模式到管理的手段进行改革，由传统的三级管理、二级核算、购销合一、手工操作向现代商业的集中管理、一级核算、购销分离、计算机操作转变。其作用是克服了过去权力分散、利益主体多元化带来的负面影响；有利于对进货环节集中监督；实现企业经营的规范管理：专业分工明确，提高工作效率；有利于商业信息系统的建设；为企业实现规模经营和连锁经营打下基础，达到提高商业企业的社会效益和经济效益的目的。

（2）业务流程现状

第五章 大型商业自动化管理信息系统

百货大楼目前日客流量达十几万人次，日交易笔数近3万，日销售额高达200多万元，年营业额近4亿。公司每天进货、批发、调拨笔数约2万，打印凭证、报表、账单、票据5000多份，每天各部门经理、业务人员为掌握相关信息而要进行的查询统计次数累计起来亦成千上万。经营品种密集、经营方式复杂多样，人工劳动量，以及长期核算给有关人员造成的压力是无法估量的，而且核算的精度很难保证，常使企业决策者、管理者"糊涂一个月，明白一晚上，第二天又继续糊涂"，难以实时明确掌握整个企业的经营状况和资金占用及运用情况。同时，许多专业商场内部还存在着多个利益主体并存，易滋长不健康行为等弊病。因而，南宁百货迫切需要精细的管理，让决策者能够迅速而精确地掌握企业经营运转情况，真正做到"情况明、决心大、方法对、管理严"，传统的管理方式难以实现此目标，而以计算机管理系统为代表的现代科技手段为企业实行严格和规范的管理提供了条件和可能。

（3）现行编码体系

百货大楼目前尚无一整套完整、规范的编码体系。商品条形码技术尚未推广使用，各种业务单据往往要预先印制好，其单据号一般为流水号，没有任何含义，不便于分类存档和查询。

二、用户需求分析

所谓用户需求，是指用户要求新系统必须满足的所有功能和限制，通常包括功能要求、性能要求、可靠性要求、安全保密要求以及开发费用、开发周期、可使用的资源等方面的限制。事实上，用户需求是新系统目标的具体化，而系统的逻辑模型则是用户需求的明确、详细表示，如图5-13所示。

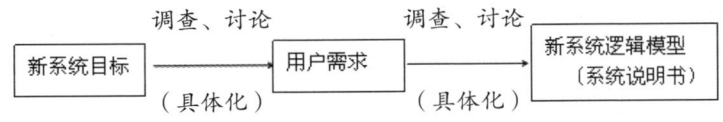

图5-13 目标、需求和逻辑的关系

（一）用户需求分析的作用

用户需求分析包含两方面的含义，一方面是要全面理解用户的各项要求，但又不能全盘接受所有的要求，这是因为并非所有用户提出的全部要求都是合理的；另一方面是要准确地表达被接受的用户要求。

新系统的开发必须以当前系统为基础，并对其进行修改。用户需求往往反映了当前系统所缺少或薄弱的而新系统应该增加的部分，因此用户需求分析的作用便是借助当前系统的逻辑模型导出新系统的逻辑模型，解决新系统"做什么"的问题。

（二）确定用户需求

确定用户需求就是根据用户需求调查，决定新系统能做什么，做到什么程度。同时，采用适当的确定需求的方法，以深入弄清新系统应具有哪些处理过程，各个处理过程要用哪些数据，存储什么数据，哪些数据需要进入系统和离开系统，经过了哪些转换，采用哪些决策方式和决策模型等等。

1. 性能需求

（1）灵活性

①业务监控与查询。灵活设置查询条件，灵活访问详细信息；

②业务流程管理。任务执行方式支持自动调度、手工调度；

③报表与查询。灵活设置查询指标、查询条件、查询结果输出格式。

（2）安全性

①数据访问控制。支持公司组织架构维度数据访问权限控制模式；

②功能使用权限控制。支持统一的流程模块的权限控制。

（3）可追溯性

①敏感操作的可追溯性。在系统中保留敏感操作的痕迹；

②敏感信息访问的可追溯性。在系统中保留敏感信息访问的痕迹；

③经常事项管理性能需求。可重现流程处理路径、流程处理结果（审核/审批结论、意见等）、流程处理过程中的更改记录等；

④报表及查询性能需求。在系统中保留敏感操作的痕迹；

⑤基础信息与配置管理性能需求：在系统中保留敏感信息访问的痕迹。

（4）可靠性

①容错性。在出现不合理的用户操作时（如随意点击界面等），不致系统死机；

②避免单点故障。可以有备用服务进行切换，避免长时间服务暂停而导致的业务中断；

③易恢复性。在系统出现停止服务时，易于恢复。

（5）可管理性

①统一权限管理。不同类型的功能授权与信息访问授权均需要基于组织机构等信息；

②系统运行监控。对系统的运行状况进行监控，包括流程监控、运营监控、日志跟踪等；

③系统配置管理。系统的关键阈值、参数可配置。

2. 功能需求

（1）基本信息管理

①组织机构管理。商场、柜组、柜台信息录入、查询、修改；

②商品类别信息管理。商品大中小类信息录入、查询、修改；

③人员管理。营业员、收银员、业务员、仓管员、物价员信息录入、查询、修改；

④系统权限管理。系统管理员、录入员、用户权限设定。

（2）合同管理

①供货商信息管理。供货商信息录入、查询、修改；

②合同档案管理。合同档案录入、查询、修改；

③合同查询。以多种方式进行合同查询。

（3）购进管理

①商品档案管理。商品档案录入、查询、修改；

②购进计划管理。购进计划录入、查询、修改；

③订单管理。订单录入、查询、修改。

（4）理货管理

①到货验收单管理。到货验收单录入、查询、修改；

②商品溢余短缺报告单管理。根据订货单、到货验收单生成商品溢余短缺报告单；

③商品进货退出单管理。商品进货退出单录入、查询、修改。

（5）存货管理

①库房、柜台管理。到货验收单入库、商品调拨录入、查询、修改、批发出库录入、查询、修改、进货商品退出（返厂）录入、查询、修改、残损报废录入、查询、修改；

②商品盘点。盘点表录入、查询、修改、打印商品盘点汇总表打印盘盈盘亏表。

（6）物价管理

①采价单录入、查询、修改；

②新商品定价录入、查询、修改；

③商品变价申请单录入、查询、修改；

④商品销售价格表录入、查询、修改；

⑤优惠信息录入、查询、修改；

⑥调进价；

⑦价格实时传递。

（7）商品批发

①批发商品清单录入、查询、修改；

②批发收款统计；

③批发销售统计；

④客户档案管理录入、查询、修改。

（8）开工闭工

①对销售数据按单品、营业员进行初步统计；

②对销售收入按收款员进行统计、销售数据备份；

③销售转换；

④生成商品销售每日累计报表；

⑤经代销售分账；

⑥计算销售成本；

⑦传递数据：当日新商品信息传递；当日价格变动传递；当日收银员信息变动传递。

（9）结算管理

①代销销售分账；

②结算。按日记供货商代销商品款账、按单结算，已结算的到货验收单，置结算完成标志，按供货商、单品打印供货商代销商品已销清单，按供货商、按月打印供货商代销商品已销清单。

（10）报表统计

①实时销售统计。按商场、柜组、营业员统计销售额，按收款台、收款员统计收款，出收款员的清账单、结账单，按时间段统计销售额，统计当日优惠，统计当日退货，统计当日员工消费；

②时段销售统计。购进总值统计，营业员销售统计，商场、柜组销售统计，小类销售统计，品牌销售统计，优惠销售统计，员工卡销售统计，退货统计；

③内部报表。商场、柜组销售情况表，主要工业品购、存情况表，商场购进金额及地方产品统计表，厂商销售情况表，进销存考核统计，经销商品考核进度明细表，经销商品销售进度考核表；大型零售商品品牌销售情况监测表。

（11）计划管理

①计划表录入、查询、修改；

②统计计划的执行情况；

③销售计划考核；

④购进考核。

（12）财务接口

财务接口模块由财务部门控制，每月执行一次，从商品流转系统中获取财务数据。根据商用财务软件模块所提供的数据接口，把商品流转数据传递到财务数据接口数据结构中，由财务软件完成商场的财务核算。

（13）经营决策分析

经营决策分析模块在项目的第二期开发实施。由大楼确定使用控制部门。经营决策分析模块根据商品流转数据，统计分析各核算部门的经营业绩，进行排名，对其经营效益进行分析评估。

①商品分析。包括品名、进价、最高库存量、最低库存量、平均库存量、零售价、最高库存额、最低库存额、平均库存额。所有商品按库存变化分成五类，即正常商品类、库存薄弱类、脱销急进类、呆滞处理类、库存积压类。根据每天的商品库存的变化，调整商品类别，及时反映库存变化动态；

②购进分析。根据商品经营数据和数量模型，确定购进决策数据（如经济批量），供购进与业务部门使用参考；

③库存分析。根据商品流转数据，计算有关商业指标（如毛利率、保本、保利期、库存定额等），供购进与业务部门使用参考；

④人员分析。根据商品销售数据，对有关人员的业绩与服务进行核算管理；

⑤经营效益评价。分别从社会效益、综合经济效益等不同的方面，对各部门的经营进行排名评价，供决策层参考。

（14）总经理查询

为大楼高层决策者提供商品流转的综合数据。包括各商场的销售业绩、人均劳效指标、库存商品指标、品牌销售情况、计划完成情况、经营商品品种完成率等。

（15）优惠卡、购物卡管理

用于管理控制大楼发放的优惠卡和购物卡。同时，通过统计分析持卡人的持卡消费信息，对大楼的商品销售以持卡人为样本空间进行销售分析，为商品经营决策提供辅助信息。

第三节
系统实现

信息系统的系统实现主要包括两个内容：程序设计和系统调试。任何一个计算机管理系统，程序设计都是整个开发的关键，在此之前的各种系统分析设计都是为最终的程序设计打基础的。

在完成程序设计阶段的工作后，经程序员编程调试，就为新系统的运行奠定了初步基础。要了解将要投入运行的新系统是否能正确无误地工作，必须进行系统测试。未经周密测试的系统贸然投入运行，将会造成难以想象的后果。

一、程序设计

程序设计是对一个系统应用各种技术和原则的过程，这个过程规定了详细的物理实现方法。编程是程序设计的必然结果。

程序设计过程和其他的工程设计一样，有不断演变的过程，也处于不断完善和改进之中。

程序设计阶段的主要工作是为新系统编写软件程序，对每个程序模块进行设计、编程和初步测试，并且产生相应的文档，形成产品。

1. 程序设计的目标

程序设计的目标主要包括五项：设计、编程与测试每个功能程序；测试系统，以确认它的功能是否达到系统设计的目标；确定系统运行所需要的各种过程和使用手册；为下一阶段提供软件服务程序；确定程序编制工作进程。

2. 程序设计的任务

由项目管理部门根据系统设计的要求组织程序设计,从而进入开发工作的实体。该阶段的主要任务是将系统设计的结果转换成某种计算机编程语言写成的程序,形成完整的软件系统,其中包括必要的文档资料。

程序总体设计

程序总体设计由系统设计人员和程序设计人员共同完成。它主要包括三方面的内容:程序设计的方法、程序设计的规范、程序设计的文档资料。

①程序的模块化设计

根据系统设计的功能模块,按模块化设计思想设计出程序的总体结构。模块的划分要符合系统功能要求。

对模块本身来说,要尽量采用功能组合的模块,各模块之间尽量以数据联系,减少控制联系,避免内部联系。

②程序设计的方法

编写程序应符合软件工程的思想,利用系统工程原理,建立软件工程环境来提高软件开发效率。在软件工程中,程序设计方法主要有结构化设计方法和面向对象设计方法。

结构化程序设计方法是一种面向过程的程序设计技术,它的基本思想是按由顶向下逐步细化的方式,由三种标准控制结构(顺序结构、循环结构和选择结构)反复嵌套来构造一个程序。结构化程序设计方法是 1978 年发展起来的,并在 20 世纪 80 年代中期得以广泛流行。其工具数据流程图具有容易构造、容易理解的优点。但随着软件越来越复杂,建立在准确需求分析基础上的结构化程序设计方法已不能适应软件的发展,这就产生了所谓的"软件危机"。

在这种情况下,面向对象程序设计方法开始出现,它是一种面向对象的程序设计技术,它的基本思想是先研究事物本身,再研究过程,即先明确"做什么",再决定"怎样做"。面向对象程序设计方法及其编程语言在 20 世纪 90 年代初开始逐渐流行、成熟,它很好地克服了"软件危机",使软件开发周期变短,软件使用周期变长,易于修改维护,最终实现开发费用降低。因此,许多商业信息系统经常采用面向对象方法(用于 GUI

用户界面设计）和第四代面向对象语言（用于数据查询、报表输出等）相结合的开发策略，事实证明，这是一种非常适合商业信息系统环境的开发策略。

二、系统调试

（一）调试步骤

系统调试的目的在于寻找问题，纠正错误，提高系统技术能力，使系统早日投入运行。

一个管理信息系统通常由若干子系统组成，每个子系统又由若干模块（程序）组成。所以，我们把调试工作分为模块（程序）调试、分调（子系统调试）和总调（整个系统调试）三个层次，调试步骤依次是程序调试、分调和总调，如图 5-14 所示。

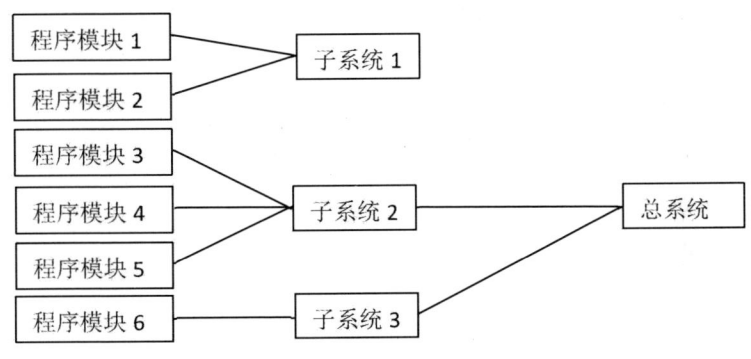

图5-14 系统调试步骤

1. 程序调试

程序的检验及其修正作业可称为程序调试。程序调试的内容包括程序的语法调试和程序的逻辑功能检查。程序调试可由其他程序设计员交叉测试，并将测试结果反馈给具体程序设计员，进行修正。最好程序测试能由专门的软件测试人员来实施。

2. 子系统调试

系统的应用软件是按处理功能分成模块的。一个处理功能由一个或一个以上的程序构成。所以在单个程序调试成功以后，还需进行分调（子系统调试），即将一个功能内所有程序按次序串联起来调试。这种调试的目的主要是保证内部控制关系正确和数据内容正确，同时测试模块的运转效率。子系统调试由系统设计者和相关程序设计员共同完成。

3. 总系统调试

经过程序和子系统的调试，即可开始整个系统的总调工作了，也就是将各子系统联结起来调试。对系统各种可能的使用形态及其组合在软件中的流通情况进行可行性测试。系统总调由系统设计者进行。

进行系统总调时，没有必要也不可能按完全真实情况下的设计量进行，通常采用"系统模型法"来解决如何编造最少量数据达到较全面检查系统的目的，采用该方法所输入的数据必须是典型的，经过精心选择的。

（二）系统调试的文档资料

系统调试文档是信息系统开发过程中的一个重要文档，是调试阶段工作的总结。它主要包括系统测试报告和系统调试说明表等。

系统调试通过后，在正式交付用户投入实际运转之前，还必须进行系统试运行和维护。只有通过此项工作，才能不断完善新系统，最终实现系统的顺利验收。

参考文献

[1] 翟彭志编著. 商业自动化（第二版）[M]. 上海：上海交通大学出版社, 2004.

[2] 薛红著. 条码技术及商业自动化系统（上）条码技术[M]. 北京：中国轻工业出版社, 2007.

[3] 薛红著. 条码技术及商业自动化系统(下)商业自动化技术[M]. 北京：中国轻工业出版社, 2007.

[4] 中国物品编码中心编著. 条码技术与应用[M]. 北京：清华大学出版社, 2003.

[5] 杨桦，尹聪春编著. 管理信息系统（第2版）[M]. 北京：清华大学出版社, 2015.

[6] 钟伟主编. 管理信息系统（第二版）[M]. 北京：科学出版社, 2010.

[7] 韦元华，舟子主编. 条码技术与应用[M]. 北京：中国纺织出版社, 2003.

[8] 于淼. 商业自动化[M]. 北京：中国政法大学出版社, 2007.

[9] 刘志海. 条形码技术与程序设计[M]. 北京：清华大学出版社, 2010.

[10] 余富林编. 商品条形码[M]. 北京：化学工业出版社, 2012.

[11] 杨芳，胡荣生. 某超市销售管理系统设计[J]. 科技广场, 2015(11).

[12] 卢元. 小型连锁超市收银系统的开发和实现[J]. 科技展望, 2016(03).

[13] 赵泉. 小型连锁超市数据管理系统的开发[J]. 经营管理者, 2016(07).

[14] 李芳. 一种改进的基于RFID的连锁超市管理系统研究[J]. 电脑知识与技术, 2011(23).

[15] 布根拜. 超市管理系统前台 POS 系统的设计与实现 [D]. 大连理工大学 ,2012(04).

[16] 耿莹. 基于 B/S 架构超市管理系统的设计与实现 [D]. 电子科技大学 ,2013.

[17] 李婧 .POS 零售系统与企业 ERP 整合实现 [D]. 天津大学 ,2009.

[18] 李剑锋. 大型商场智能仓储管理系统设计与实现 [D]. 吉林大学 ,2016.

[19] 杨波. 大型商业自动化管理信息系统及其决策与分析 [D]. 北京工业大学 ,2000.

[20] 万菁. 二维条码的编解码及系统实现 [D]. 上海交通大学 ,2007.

[21] 吴佳鹏. 二维条码识读技术及其应用研究 [D]. 天津大学 ,2010.

[22] 戚鹏宇. 服饰公司物流管理系统设计与实现 [D]. 电子科技大学 ,2012.

[23] 程光. 我国大型百货业电子商务发展研究 [D]. 首都经济贸易大学 ,2012.

[24] 黄艳. 中小型超市进销存管理系统 [D]. 电子科技大学 ,2009.

图书在版编目（CIP）数据

商业自动化技术与应用 / 赵星编著 . —北京：中国轻工业出版社，2022.8
ISBN 978-7-5184-1343-0

Ⅰ . ①商… Ⅱ . ①赵… Ⅲ . ①商业自动化—研究 Ⅳ . ① F716

中国版本图书馆 CIP 数据核字（2017）第 079528 号

责任编辑：刘忠波　　秦　功
策划编辑：刘忠波　　　　　　　　　责任终审：劳国强
责任监印：张京华　　　　　　　　　版式设计：知墨堂文化
责任校对：吴大朋　　　　　　　　　封面设计：锋尚设计

出版发行：中国轻工业出版社（北京东长安街 6 号，邮编：100740）
印　　刷：北京君升印刷有限公司
经　　销：各地新华书店
版　　次：2022 年 8 月第 1 版第 4 次印刷
开　　本：889×1194　1/16　印张：14.75
字　　数：280 千字
书　　号：ISBN 978-7-5184-1343-0　定价：39.80 元
邮购电话：010-65241695
发行电话：010-85119835　传真：85113293
网　　址：http://www.chlip.com.cn
Email：club@chlip.com.cn
如发现图书残缺请与我社邮购联系调换
220886Z2C104HBW